GÜTERSLOHER
VERLAGSHAUS

Gütersloher Verlagshaus. Dem Leben vertrauen

Feierabend-Gottesdienste

Gerhard Engelsberger

Gütersloher Verlagshaus

Bibliografische Information Der Deutschen Bibliothek
Die Deutsche Bibliothek verzeichnet diese Publikation in der Deutschen Nationalbibliografie; detaillierte bibliografische Daten sind im Internet über http://dnb.ddb.de abrufbar.

1. Auflage

Umschlaggestaltung: Init GmbH, Bielefeld
Umschlagmotiv: Fotograf: Bob Elsdale / © Getty Images
Satz: Katja Rediske, Landesbergen
Druck und Einband: Těšínská Tiskárna AG, Český Těšín
Printed in Czech Republic
ISBN-13: 978-3-579-05567-1
ISBN-10: 3-579-05567-4

www.gtvh.de

Inhaltsverzeichnis

Vorwort

»Feierabend!«
Welche Erleichterung für Tagelöhner, Arbeiter, Handwerker, »abhängig Beschäftigte« aller Zeit. Da war einer, der sagte »Feierabend«. Du konntest dein Werkzeug weglegen, die Arbeit ruhen lassen, vielleicht noch den Arbeitsplatz aufräumen, dann aber die Hände waschen, den »blauen Anton« ausziehen, die Schürze ablegen, nach Hause gehen, die Hände in den Schoß und die Beine hoch legen. Keiner würde mehr nach dir rufen, keiner stören, niemand – es sei denn in Notfällen – nach deiner »Profession« verlangen. Nun gehörtest du deiner Familie, deiner Erholung, deiner »Freizeit«, deiner Liebe.

»Feierabend!«
Welcher Schock für Tagelöhner, Arbeiter, Handwerker, »abhängig Beschäftigte« unserer Zeit. Da ist einer, meist ein »Gremium«, oft anonym, der oder das sagt: »Feierabend!«. Der Ofen wird abgeschaltet, der Laden dicht gemacht, die letzte Fuhre gefahren, der letzte Gottesdienst gefeiert, die Kündigung überreicht. Du kannst den Spind leeren, die Dateien löschen, den Stuhl räumen, die Papiere abholen. Niemand wird mehr nach dir rufen, keiner wird dich stören. Du bist »abgefunden«, »ausbezahlt«, »verrentet«, du »gehst in Pension«. Feierabend – das bedeutet für viele Menschen heute nicht »Erholung«, sondern »Aus und vorbei«.

Die Krisen unserer Zeit resultieren – die Meinung gilt quer durch die politischen Parteien und die veröffentlichte Meinung – aus der »Krise der Arbeitsgesellschaft«. Es fehlt einerseits an Arbeit, bzw. es gibt zu viel Schwarzarbeit bzw. die Arbeit unter uns ist nicht gerecht verteilt oder entlohnt. Ungefähr fünf Millionen Menschen sind arbeitslos, haben rund um die Uhr »Feierabend« – und doch nichts zu feiern.

Mit der Krise der Arbeitsgesellschaft einher geht eine bisher ungeahnte Aufblähung der »Freizeitgesellschaft« und des sie regulierenden Marktes. In vielen Betrieben und fast allen Ämtern ist freitags um 12.00 »Feierabend«. Der frühe tägliche Feierabend – oft schon ab 16.00 Uhr – und das lange Wochenende – in der Regel 2 ½ Tage – stürzen in neue Krisen. Darüber hinaus steht der Sonntag längst zur Disposition, zwingt die Ökonomie den Familien und Individuen ihren Takt auf. Ähnliches gilt für den Feierabend angesichts der Diskussion über eine Veränderung des Ladenschlussgesetzes. Die damit verbundenen sozialen und gesundheitlichen Probleme sind längst bekannt und von Kirchen wie Gewerkschaft deutlich formuliert.

Die »Krise der Freizeitgesellschaft« lässt sich in wenigen Punkten skizzieren:

- die Gestaltung der Freizeit nimmt Formen an, die an die Gestaltung der Arbeit erinnern (Terminabsprachen, Stress, Organisation bei unterschiedlichen Interessen bzw. unterschiedlichen Arbeitszeiten in der Familie; Gewinnen und Verlieren bestimmt das Maß des Engagements, und nicht selten spielt die Finanzierungsmöglichkeit eine Rolle ...).
- Menschen müssen sich offensichtlich nicht nur von der Arbeit, sondern auch von der Freizeit »erholen« (Nach »langen Wochenenden« mit »Brückentagen« hört man den Stoßseufzer: »Ich bin urlaubsreif!«).
- Schwache (Unsportliche, künstlerisch Unbegabte, Unbeholfene ...) werden ausgegrenzt und fallen durch das Netzwerk des Freizeitmarktes.
- Beziehungen (Ehen, Freundschaften, Familien) sind neuen Belastungen ausgesetzt. Das »Weihnachtsfeiertagesyndrom« erreicht nun

schon das normale Wochenende: »Gott sei Dank kann ich morgen wieder zur Arbeit ...«

Der Lebensbereich jenseits des Ökonomischen hat längst die Begrifflichkeit der Ökonomie übernommen:
Wir reden
– von »Beziehungs-Arbeit«
– von »Trauer-Arbeit«
– vom »Urlaubs-Plan«
– von »Einschalt-Quoten«
– vom »Erlebnis-Gewinn«
– vom »Freizeit-Angebot«, schließlich auch
– vom »religiösen Markt«.

Sprache ist verräterisch.
Sprache verrät das Interesse.
Freizeit ist ein wachsender Markt.
Der Feierabend ist nicht mehr heilig.

Wenn die Kirche heute zu »Feierabendgottesdiensten« einlädt, dann mag das in dieser gesellschaftlichen Situation missverständlich klingen und bedarf einer Klärung.
Angesichts der Herausforderungen, der Prägungen, der Defizite und der »Gaben« suche ich nach einem stimmigen Beitrag der Kirche. Nicht marktschreierisch, nicht zusätzlich stressend, nicht vorlaut und nicht erfolgsorientiert. Eher schlicht und zurückhaltend, ehrlich und für die einzelne Gemeinde stimmig.

Ich lese oft von gigantischen Zahlen, von neuen (meist aus den USA gespeisten) spirituellen Erlebnissen und Gemeindeaufbauprojekten. Sie hängen fast alle am Tropf der Wachstumsideologie und messen Erfolg oder Misserfolg an Zahlen.

Insofern sind die »Feierabendgottesdienste« keine Gottesdienste, die die Statistik verbessern, den Markt neu aufmischen und die Kirche neu ins Gespräch bringen sollen. Die »Feierabendgottesdienste« sind nicht marktorientiert.

Unsere Zeit braucht »Feierabendmenschen«. Sie ist dringend angewiesen auf ihre Erfahrungen.
Was ist das für ein Segen, wenn man auf Menschen trifft, die Zeit haben.
Ihr Blick ruht, ihre Hände sind offen, ihre Gedanken sind anwesend, die Ohren sind konzentriert, das Herz weit.
Diese knappe Schilderung eines »*Feierabendmenschen*« erinnert mich an eine in vielen Varianten nacherzählte kurze Geschichte, deren Ursprung wohl in allen Kulturen liegt. Denn »Feierabendmenschen« waren zu allen Zeiten und sind an allen Orten ein Segen:

Die Schüler fragen den erfahrenen, weisen und geduldigen Lehrer, warum er trotz aller Beanspruchungen immer so ruhig, so gelassen sei. Er spricht die treffenden Worte, den Koan, vielleicht ein Mantra, die goldene Regel des »Feierabendmenschen«: »Wenn ich stehe, dann stehe ich. Wenn ich gehe, dann gehe ich. Wenn ich sitze, dann sitze ich. Wenn ich esse, dann esse ich. Wenn ich spreche, dann spreche ich ...«
Die Schüler reklamieren, das täten sie schließlich auch. Es müsse doch eine besondere Technik geben, ein Geheimnis seiner inneren Sammlung. Er wiederholt: »Wenn ich stehe, dann stehe ich. Wenn ich gehe, dann gehe ich. Wenn ich sitze, dann sitze ich. Wenn ich esse, dann esse ich. Wenn ich spreche, dann spreche ich ...«
Und als sie ihm wieder ins Wort fallen und darauf bestehen, dass auch sie beten und meditieren, dass auch sie bei der Sache sind, da meint der weise Meister: »Nein. Wenn ihr betet, seid ihr schon wieder bei euren Geschäften. Wenn ihr sitzt, dann steht ihr schon. Wenn ihr steht, dann lauft ihr schon. Wenn ihr lauft, dann seid ihr schon am Ziel.«

»Feierabendmenschen« sind ein Segen für ihre Umgebung. Sie verlieren nicht, wenn sie lassen. Sie organisieren nicht, wenn sie bleiben. Sie hinterlassen keine Aufregung, wenn sie gehen. Aber man spürt, wenn sie fehlen.

Seit drei Jahrzehnten versuche ich auf unterschiedliche Weise, zu »Feierabendgottesdiensten« einzuladen. Anfangs waren sie mit viel Auf-

wand verbunden: Ein Chor übte neue Lieder, ein Team überlegte Spielstrategien, Basteleien und brütete über Beiträgen, kurz: Es waren »Event-Gottesdienste«. Sie mögen ihr Recht haben. Doch der Feierabend hat auch sein Recht. Vielleicht nicht unbedingt die große Zahl und die tolle Presse, aber sein Recht.
Mit den Jahren sind die »Feierabendgottesdienste« schlanker geworden, selbstverständlicher, ruhiger. Ich frage mich immer mehr: Wie gelingt es, die geschenkte Zeit zu feiern, den Sabbat zu heiligen, die Hände in den Schoß zu legen und Gott nicht ins Handwerk zu pfuschen?

Der vorliegende Praxisband lädt zu einem monatlichen »Feierabendgottesdienst« ein. Ziel des jeweiligen Gottesdienstes ist es, dass die Frauen und Männer, die Jugendlichen und die Senioren, die ihn »feiern«, die Hände in den Schoß legen können.
Die Gestalt, die Zusprache, die Feier hilft ihnen zu verstehen: Ich kann nicht alles, ich muss nicht alles, ich will nicht alles und ich werde nicht alles ... Ich will am Ende der Woche, am Ende des Monats, am Ende des Tages »feiern«. Ich will nicht alleine feiern, denn ein Fest wird erst zum Fest durch die Gemeinschaft. Ich will auch nicht »billig« feiern und andere meinen Tisch decken lassen: Ich trage etwas, was ich ohne große Anstrengung kann, dazu bei, dass wir gemeinsam feiern können.

Vor stark zwei Jahrzehnten haben wir in unserer Gemeinde begonnen, Kinder zum Heiligen Abendmahl einzuladen. In der Vorbereitung gab es viele Gespräche. Sie mündeten in eine eigene Abendmahlspraxis: Im Kreis um den Altar geben wir Brot und Traubensaft/Wein weiter mit den Worten

»Ich teile mit dir, was Gott uns schenkt«.

Dieser Satz ist Kindern eingefallen. Er drückt aus, was gemeint ist mit dem »feierabendlichen« Gottesdienst.

Unter der Überschrift: »Einladung zu einer Tasse Jasmintee« schreibt Reiner Kunze eine kurze Bemerkung. Für mich gehören die drei Zeilen zum Schönsten, was in deutscher Sprache in unseren Jahren formuliert worden ist. Diese wenigen Sätze begleiten alle »Feierabendgottesdienste«:

Treten Sie ein, legen Sie Ihre
Traurigkeit ab, hier
dürfen Sie schweigen.[1]

»Feierabendgottesdienste« laden ein zum Schweigen-Dürfen, zum Lassen-Dürfen, zum Nicht-Machen-Müssen.
»Feierabendgottesdienste« sind keine Events, zielen nicht auf die große Zahl, suchen das heilende Maß und das stimmige Miteinander.

Ich stelle neben die Worte des großen zeitgenössischen Lyrikers einen eigenen Gedanken:

Räder, Hufe und Tritte schweigen.
Die Axt ruht in der Kammer.
Feierabend.

Ich klopfe
an die Tür des Weisen
am Abend.
Ich entschuldige mich für
die schmutzigen Schuhe.
Er hilft mir aus dem Mantel:
»Behalten Sie die Schuhe an.
Legen Sie Ihre Uhr ab.«

Vielleicht, wenn wir das studieren würden, üben, praktizieren: die Uhr ablegen, den Terminkalender vernachlässigen, die Prioritäten ändern. Vielleicht, dass wir dann auch »Liebe« neu buchstabieren könnten, »Gnade« verstünden und »Leben« entdeckten?

Wiesloch, im Sommer 2006 *Gerhard Engelsberger*

1. Reiner Kunze, geschrieben 1967; aus: Brief mit blauem Siegel, Reclam-Verlag, Leipzig 1974, S. 29

Feierabend – ein Geschenk

Feiertag

Alle Kulturen kennen »Feiertage«, die den Jahreskreislauf entsprechend der Jahreszeiten oder durch religiöse Feste strukturieren. Auch der deutsche Begriff »Feierabend« stammt sprachlich aus diesem Umfeld. Er erinnert an die lateinischen »Ferien« (feriae, ursprünglich fesiae; beide Begriffe haben ihre Wurzel in »fanum«, dem Religiösen, gegenüber dem »profanum«, dem Ungeweihten, Nichtkultischen, gar Entweihten).
Aus dem lateinischen »feria« entwickelt sich neuhochdeutsch die »feier«. Luther schreibt noch »feire«.

Feierabend – Vorabend des Festes – tägliches Arbeitsende

Der »Feierabend« – vieravond bzw. vīr-ābent – war in seiner ursprünglichen Bedeutung der *Abend vor dem Fest*, der »Heilige Abend«.
Er bekam dann die Bedeutung des *abendlichen Arbeitsendes.* Zu Zeiten, als Uhren noch selten waren, war das Angelus-Läuten um 18.00 Uhr das Signal, nun die Arbeit ruhen zu lassen und mit einem betenden Innehalten vom »Alltag« in den »Feierabend« zu gehen.

Das Angelusgebet beginnt um 6.00 Uhr den Arbeitstag, unterbricht ihn um 12.00 Uhr und schließt den Arbeitstag um 18.00 Uhr ab. Beim 18.00-Uhr-Gebet erinnert die katholische Kirche durch den Verkündigungs-Dialog zwischen dem Erzengel Gabriel und Maria sowie dem eigentlichen Gebet an die Menschwerdung des Sohnes Gottes.
Die heutige Form des Angelus wurde 1571 von Papst Pius V. eingeführt.

Gegrüßet seist du, Maria, voll der Gnade, der Herr ist mit dir.
Du bist gebenedeit unter den Frauen, und gebenedeit ist die Frucht deines Leibes, Jesus.
Heilige Maria, Mutter Gottes, bitte für uns Sünder jetzt und in der Stunde unseres Todes.

Angelusgebet:
Der Engel des Herrn brachte Maria die Botschaft, und sie empfing vom Heiligen Geist.
Gegrüßet seist du, Maria ...
Maria sprach: Siehe, ich bin die Magd des Herrn; mir geschehe nach deinem Wort.
Gegrüßet seist du, Maria ...
Und das Wort ist Fleisch geworden und hat unter uns gewohnt.
Gegrüßet seist du, Maria ...
Bitte für uns, heilige Gottesmutter, dass wir würdig werden der Verheißung Christi.

Lasset uns beten:
Allmächtiger Gott, gieße deine Gnade in unsere Herzen ein. Durch die Botschaft des Engels haben wir die Menschwerdung Christi, deines Sohnes, erkannt. Lass uns durch sein Leiden und Kreuz zur Herrlichkeit der Auferstehung gelangen. Darum bitten wir durch Christus, unsern Herrn.

Das 18.00-Uhr-Läuten der Glocken wurde auch in protestantischen Gegenden übernommen, allerdings beteten die Evangelischen ein Vaterunser.

Feierabend als Symbol

Der Terminus *Feierabend* wird verallgemeinert, wird über die konkrete Bestimmung des abendlichen Arbeitsendes im Lauf der Zeit übertragen, wird zum *Symbol*: Dem Geschenk des Feierabends und damit der Befreiung von der Arbeitslast entspricht – wie dem Sabbat – eine soziale Haltung: Die Arbeiter dürfen *»den Feierabend mitnehmen«*. Es geht dabei um ein Stück Holz. Die Zimmerleute waren berechtigt, von des Bauherrn Holz ein Stück – den »Feierabend« – mit nach Hause zu nehmen.

Feierabend – Symbol für jedes Ende

Schließlich wird der Begriff *»Feierabend« übertragen auf jedes Ende.* Das böhmische Abendlied »'s is Feieromd« verbindet die Bedeutungen miteinander: Ende des Tagewerks und Ende des Lebens.

1. De Sonn steigt hinnerm Wald drübn nei, besaamt de Wolken rut,
A jeder legt sei Warkzeig hi un schwenkt zem Gruß sann Hut.
's is Feieromd, 's is Feieromd, es Togwerk is vollbracht,
's gieht alles seiner Haamit zu, ganz sachte schleicht de Nacht.

2. Un übern Wald a Vögela fliegt noch sann Nastel zu,
Von Dörfel drübn a Glöckel klingt, dos mahnt: Legt eich zur Ruh!
's is Feieromd …

3. Do zieht's wie Frieden durch die Brust, es klingt als wie a Lied,
Aus längst vergangne Zeite rauscht's gar heimlich durchs Gemüt:
's is Feieromd …

4. Gar mannichs Herz hot ausgeschlogn, verbei is Sorg un Müh,
Un übern Wald ganz sachte zieht a Rauschen drüber hi:
's is Feieromd …

Feierabendarbeit und »Feierabendgesell«

Feierabend und Arbeit schließen sich wohl theoretisch gegenseitig aus. Praktisch gibt es dennoch den Begriff der »Feierabendarbeit«. Er bedeutet jede von Handwerkern, Tagelöhnern etc. zur Zeit des Feierabends gemachte Arbeit. Auch wir kennen »Schwarzarbeit«. Aber das ist mit »Feierabendarbeit« nicht gemeint. Gemeint ist die Arbeit, die es – und nun die ökonomischen Regeln – den Höhergestellten ermöglichte, das Fest angemessen, z. B. mit einem neuen Gewand zu begehen.

Für alle Handwerke galt vierzehn Tage vor jedem hohen Fest: Es wurde eng bei den Aufträgen. Gesellen mussten Überstunden machen, das heißt auch an den Feierabenden arbeiten. Am meisten Arbeit kam auf die Schneider vor den hohen Festen zu. Sie durften deshalb auch explizit einen »Feierabendgesell« mehr halten, der nach den Feiertagen wieder entlassen wurde.

Sabbatruhe

Wer zu »Feierabendgottesdiensten« einlädt, greift das Geschenk des Sabbats wieder auf. Unter anderem deshalb laden wir jeweils am Freitagabend zu »Feierabendgottesdiensten« bzw. zu einer »Feier der Stille« ein.

Das Halten des Sabbat ist dabei weniger als moralische Verpflichtung verstanden, vielmehr als Annahme eines großen Geschenkes.

Für Menschen, die nach ihrer Leistung bezahlt und definiert werden, deren Status nach ihrer Arbeit bemessen wird, bedeutet der Sabbat die befreiende, heilsame und heilende, körperlich und seelisch erfahrbare Begegnung mit der Liebe Gottes.

Sie begegnen dem Sabbatgebot:

»Gedenke des Sabbattages, dass du ihn heiligest.
Sechs Tage sollst du arbeiten und alle deine Werke tun.
Aber am siebenten Tage ist der Sabbat des HERRN, deines Gottes. Da

sollst du keine Arbeit tun, auch nicht dein Sohn, deine Tochter, dein Knecht, deine Magd, dein Vieh, auch nicht dein Fremdling, der in deiner Stadt lebt.
Denn in sechs Tagen hat der HERR Himmel und Erde gemacht und das Meer und alles, was darinnen ist, und ruhte am siebenten Tage. Darum segnete der HERR den Sabbattag und heiligte ihn.«
(2 Mose 20,8-11)

Sie verstehen:
Die Welt ist nicht die Welt der Macher. Ich muss nicht alles mitmachen. Ich kann Ruhe finden. Ich kann mir Zeit nehmen. Ich kann loslassen und staunen, was ich dabei gewinne. Ich kann ohne eigenen Schaden auf vieles verzichten. Mein Lohn wird die Freude anderer sein. Auf dem Schweigen und in der Ruhe liegt Segen.

Sie spüren, besinnen, erfahren und lassen sich zusprechen:
Ich bin mehr als das, was ich war oder was ich sein werde. Ich bin ein Ort Gottes.
Ich bin eine Ikone, bin ein lebendiges Bild Gottes. Ich bin ein Segen.
Ich will mich lieben lassen.
Ich will Vertrauen üben mit leeren Händen.
Ich will staunen, danken, loben trainieren. Staunend entdecke ich übersehene Wunder.
Ich will die Stille suchen und alles meiden, was die Augen und Ohren anderer wie auch die eigenen Sinnesorgane beleidigt. Ich will die Stille suchen. Stille heilt.
Ich will meine Geschäfte erledigt haben. Will loslassen üben.
Ich will als geliebter und vom Leistungsdruck befreiter Mensch nicht mein Herz und meine Hände verstecken, wenn das Land brachliegt und man mich braucht.

Praktische Hinweise

Grundsätzliches zur Musik

Es mag nahe liegen, »Feierabendgottesdienste« als besondere musikalische Herausforderung zu verstehen: Alternative Gottesdienste sind der Ort, endlich allen möglichen Innovationen Raum zu geben. Doch auch bei »Feierabendgottesdiensten« gilt: Menschen suchen Heimat, Orte, an denen die Seele nicht suchen muss.

Deshalb sollten sich die Verantwortlichen beim Umgang mit »neuem« Liedgut und musikalischen Alternativen zurückhalten. Der Raum, die Musik, die Stille, das Gebet und das Wort können Heimat sein. Auch der Feierabendgottesdienst ist eine »Wiederholungssituation«. Sollten beim Feierabendgottesdienst »neue Lieder« (siehe auch Anhang) gesungen werden, dann sollten sie in anderen Gottesdiensten schon eingeführt sein bzw. von einem Chor oder einer Gruppe so gesungen werden, dass andere mitsingen können.

Grundsätzlich sind die Feierabendgottesdienste offen für alle musikalischen Gestaltungsmöglichkeiten und Instrumente: Orgel, Band oder Musik von CD. Die Glocken könnten eventuell nicht ganz bis zum Anfang des Gottesdienstes läuten. Ihr Schweigen – etwa fünf Minuten vor Beginn – ist das Signal für die Besucherinnen und Besucher, nun für einige Minuten zu schweigen.

Der Raum

Der Raum wird der inhaltlichen Ausrichtung der Gottesdienste entsprechend feierlich, hell, abgedunkelt etc. gestaltet. Er bietet für die Ankommenden gelegentlich auch mehrere Stationen des Ankommens. Die räumliche Gestaltung hat zum Ziel, dass die Teilnehmenden mehr und mehr »eingestimmt« werden und schließlich einigermaßen »aufgeräumt« einen/ihren Platz finden.

Wort und Symbol

Feierabendgottesdienste sollten einüben in das Hören auf längere biblische Texte. Während im Predigtgottesdienst »Perikopen« (kleine Abschnitte) gelesen werden, legt es sich am Feierabend nahe, beispielsweise ein oder zwei Kapitel eines biblischen Buches, jedenfalls längere Zusammenhänge zu lesen.
Im Zusammenhang mit der Begrüßung oder dem Votum greift ein kurzer Bibeltext das aus der Einladung bekannte Thema auf.
Ein im Wechsel gelesener Psalm – möglich sind hier auch Psalmenübertragungen z.B. von Stadler oder neuere Psalmen z. B. von Cardenal oder Hüsch – beteiligt die Besucherinnen und Besucher aktiv an der Gestaltung.

Wo möglich und sinnvoll erschließt ein Symbol das Thema des Feierabendgottesdienstes. Dabei können die Gottesdienstbesucherinnen und -besucher gebeten werden, den entsprechenden Gegenstand in den Gottesdienst mitzubringen, oder sie begegnen dem Symbol erst in der Kirche oder gestalten es während dem Gottesdienst.

Gestalt der Feierabendgottesdienste

Ankommen gestalten

Der Feierabendgottesdienst beginnt mit einem halbstündigen Vorlauf. Die Kirche ist mindestens eine halbe Stunde vorher geöffnet. Je nach Jahreszeit und nach örtlicher Gegebenheit grenzt sie sich beim Feierabendgottesdienst noch etwas deutlicher vom geschäftigen Alltag ab. Alles Proben von Chören, Üben einer Band oder der Organisten, alles geschäftige Vorbereiten muss vorher abgeschlossen sein. Vielleicht ist es gar nicht nötig.
Die Kerzen brennen, das Licht ist reguliert, die »Stationen« – sollte es sie an diesem Abend geben – sind vorbereitet ...
Die Glocken läuten etwas früher als sonst und etwas kürzer.
Die Ankommenden werden von der Pfarrerin/dem Pfarrer oder von Kirchenältesten freundlich begrüßt, falls nötig auf die einzelnen »Ankommstationen« hingewiesen und um Stille gebeten, sobald die Glocken aufhören zu läuten.
Es soll eine Atmosphäre entstehen, in der auch »Fremde« sich eingeladen fühlen, »den Mantel auszuziehen«. Dies geschieht individuell durchaus unterschiedlich und verlangt von den Begrüßenden Einfühlungsvermögen.
Die Ankommenden erleben mehr und mehr einen Raum der Stille, haben viel Zeit, sich zu orientieren, bleiben hier oder dort stehen, tauschen den einen oder anderen Gruß, werden heimisch.
Das Sich-Einfinden und Ankommen mündet in eine mehrminütige Stille. Die Angekommenen haben ihren Ort in der Kirche gefunden und schweigen.

Während zur Zeit des Ankommens durchaus sehr leise Organistin/Organist »meditieren« können, sollte jetzt auch die Orgel schweigen. Dies gilt auch für jegliche – noch so leise – Musik von CD oder Kassette.

Votum und Begrüßung

Das »schlichte« Votum (Im Namen des Vaters und des Sohnes und des Hlg. Geistes. Amen.) eröffnet den Gottesdienst wie ihn auch der »schlichte« aaronitische oder trinitarische Segen beschließt.

Ich schließe mich darin Fulbert Steffensky an, der von der »Poesie des Segens« spricht: »Der Segen ist der Ort höchster Passivität. Es ist der Ort, an dem wir werden, weil wir angesehen werden. ... Es leuchtet ein anderes Antlitz über uns als das eigene. Es ist ein anderer Friede da als der mit Waffen erkämpfte und eroberte. Der Ausgang und der Eingang sind nicht von eigenen Truppen bewacht, sie sind von Gott behütet. ... Der Verzicht auf uns selber beim Segen hat eine liturgische Konsequenz. Wir brauchen Segensformeln und Segensgesten, die uns unsere Passivität lassen.
Man möchte sich fallen lassen in die Bilder. Man möchte sich einschmiegen in die wiegende Bewegung der Formel. Ich möchte also nicht gespannt und aufmerksam sein; ich möchte nicht denken, nicht an dieser Stelle. Ich brauche eine Geste und ein Wort, das ich kenne; das sich schon oft wiederholt hat und das mir nicht die Mühe der Bewusstheit abverlangt. Ich brauche einen pathischen Raum; einen Raum also, in dem ich empfangen, annehmen und versinken kann. Darum will ich nicht jeden Sonntag einen neuen Segen. Das fordert mir zu viel Bewusstheit ab. Und diese Bewusstheit könnte die Poesie des Segens zerstören.«[2]
Was Steffensky hier breiter für den Segen reklamiert, gilt ebenso für das Eingangsvotum. So erweisen sich gelegentlich Eingangsvoten und Schlusssegen-Formulierungen in Gottesdiensten als Vorwegnahme bzw. Zusammenfassung der Predigt, als sprachliche Kunstwerke, die erst studiert werden wollen oder als kämpferische Ansage und Abmoderation. Das macht – nicht nur beim »Feierabendgottesdienst« – an diesen beiden Stellen wenig Sinn.

2. Pastoralblätter, Februar 2000, S. 42f., Stuttgart 2000

Lied

Es bietet sich an, als erstes Lied ein sehr bekanntes zu wählen. Es mag sich als sinnvoll herausstellen, zu Beginn jedes Feierabendgottesdienstes das gleiche Lied zu singen. Der Feierabendgottesdienst wird von solchen Wiederholungen getragen.
Das Eingangslied sollte nicht das aktuelle Thema des Gottesdienstes, sondern den (Feier-)Abend zum Inhalt haben. Mit dem Ortswechsel (Sich-Einfinden), dem »Reinigungsbad« der Stille, der Klärung durch das Votum und schließlich durch das gesungene Abendlied haben die Teilnehmenden aktiv und passiv den »Übergang« vom Alltag zum Feierabend vollzogen.

Als bekannte Lieder schlage ich vor:
Mein schönste Zier und Kleinod bist (EG 473)
Nun ruhen alle Wälder (EG 477)
Nun sich der Tag geendet (EG 481)
Bevor die Sonne sinkt (EG 491; Alternativmelodie Striebel/Schmid, »Neue geistliche Lieder«)
Der Tag, mein Gott, ist nun vergangen (EG 266)

Psalm

Der gewählte Psalm zählt noch zur »Eingangsliturgie«, ist noch ein biblischer »Abholtext«. Er kann schon zum Thema hinführen, ist aber eher noch als »Schwellentext« gedacht. Eine einfache Wahl, die den Gottesdienst in den Raum der Gesamtkirche stellt, ist der jeweilige Wochenpsalm. Ich würde diesen einem thematisch ausgerichteten Psalm vorziehen.

Gebet

Auch das erste Gebet holt noch ab. Es ist individuell formuliert: »Ich bin gekommen …, ich bin da …« Das Gebet ist ebenso wenig wie das Eingangsvotum der Ort, an dem »thematisiert« wird.

Stille

Die Stille gibt jeweils Raum, dem Gesprochenen und Gehörten individuell nachzugehen. Sie wird nicht durch Musik »untermalt«. Die Erfahrung zeigt, dass selbst Konfirmandinnen und Konfirmanden vollkommen unproblematisch zur Ruhe finden und die Stille als angenehm beschreiben, wenn diese selbstverständlich ist. »Untermalungen« nehmen der Stille ihre Selbstverständlichkeit. Im Raum selbstverständlicher Stille ist ein Husten oder das Umfallen einer Gehhilfe oder das kurze Blättern in einem Gesangbuch nicht wirklich störend.

Thematischer Impuls

Ein kurzer (Fremd-)Text leitet erläuternd, anregend und einfühlsam ein in das Thema.
Dieser Text setzt das Angekommen-Sein voraus. Ein geeigneter fremder Text aus der Literatur, aus der Zeitung, aus der Lyrik etc. ist einem eigenen Text des Liturgen deshalb vorzuziehen, weil er noch persönliche Distanz ermöglicht.

Strukturierte Stille

Während ansonsten bei der jeweiligen »Stille« alle Anwesenden (betend, schweigend, nachdenkend) für sich und bei sich sind, kann bei der »strukturierten Stille« dieses Für-Sich- und Bei-Sich-Sein aufgebrochen werden: Gemeinschaft der Schweigenden wird hergestellt durch Gesten; die Anwesenden werden schweigend aktiv, gestalten etwas miteinander.

Lied

Dieses Lied hat eindeutig thematischen Bezug und wird durch längere (Orgel-)Musik vorbereitet. Die vorbereitende Musik holt die Anwesenden an ihren vorherigen Ort zurück oder lädt zu einem Ort in der Kirche ein.

Bibel hören

Dies ist der Ort im Gottesdienst, an dem Hören geübt wird. Unsere Gottesdienstbesucherinnen und -besucher kennen nur kleine Abreißstücke aus der Bibel, es sei denn, sie lesen in einer lectio continua selbst zu Hause in der Bibel.
Der (Feier-)Abend war früher die Zeit, in der man sich in der Familie gegenseitig vorgelesen hat. So wollen wir uns Zeit nehmen und Bibel hören. Das Hören-Können erfordert allerdings von den Vorleserinnen und Vorlesern, dass sie (sehr) gut vorlesen können. Dieser Punkt kann sich vollkommen kontraproduktiv gestalten, wenn nach dem Motto »Heute sind Sie dran, Frau Müller« verfahren wird. Dann sollte eher ein längerer Bibelabschnitt von CD eingespielt werden. Es gibt doch sehr unterschiedliche Gaben.

Stille

(siehe oben »Stille«)

Meditation/Ansprache

Ansprache/Zusprache/Meditation; thematisch ausgerichtet; weniger lehrhaft, eher tröstend; weniger »an sich«, mehr »für dich«; eher individuell ausgerichtet (ich, du), weniger zur Gemeinschaft animierend (wir).

Stille

(siehe oben »Stille«)

Lied

Wohl mit thematischem Bezug, doch schon auf die Sendung, auf das Loslassen des »Tagwerks«, auf die Feier des Lebens, auf die Nacht ausgerichtet.

Gebet

Individuelles Gebet mit wenigen Worten. Keine Zusammenfassung der Ansprache/Meditation!

Vaterunser

Strukturierte Stille

Diese Phase der Stille ermöglicht noch einmal persönliche Bitten, persönlichen Dank. Sie kann aber auch noch einmal auf das Thema fokussieren und zu einem persönlichen Entschluss anregen, zu einem Gebetsanliegen, das aufgeschrieben oder vorgetragen wird, zu einem Hinweis, der zur Fürbitte der Gemeinde führt.

Lied

Hier gilt grundsätzlich das oben Gesagte. Auch beim letzten Lied des Feierabendgottesdienstes lade ich ein zu Wiederholungen.

Als bekannte Lieder schlage ich vor:
Hinunter ist der Sonne Schein (EG 467)
Der Tag hat sich geneiget (EG 472)
Mit meinem Gott geh ich zur Ruh (EG 474)
Der Mond ist aufgegangen (EG 482)
Abend ward, bald kommt die Nacht (EG 487)
Gehe ein in deinen Frieden (EG 489)
Der Tag ist um, die Nacht kehrt wieder (EG 490)

Wort auf den Weg

Das »Wort auf den Weg« ist wohl ein Sendungstext, verzichtet aber auf moralische Anforderung. Es spricht eher noch einmal das von Gott Verheißene zu, als dass es Vorhaben nennt, die Leistung verlangen. Die Anwesenden sollen in eine »gute Nacht« entlassen werden. Sie werden aus dieser »guten Nacht« und dem Erlebten nach meiner Erfahrung genügend Kraft schöpfen für die »gute Tat« am »neuen

Morgen«. Wer sensibilisiert ist für die Liebe Gottes, wird sensibel für die Nächsten und sucht das eigene Lot.

Kurze Stille

Das »persönliche« Wort auf den Weg sollte durch eine kurze Stille getrennt sein vom »priesterlichen« Segen.

Segen

»Schlichter« trinitarischer oder aaronitischer Segen (siehe oben »Votum und Begrüßung«)

Bleiben und Gehen gestalten

Die Anwesenden mögen schweigend auseinander gehen oder noch gemeinsam einen »Schlummertee« trinken; sie mögen schweigen oder bei einem Dämmerschoppen sich noch für 20 Minuten austauschen. Es gibt kein Gesetz.
Einladungen (zu Tee oder Wein, zum Bleiben oder Begleiten) müssen jedenfalls unbedingt so ausgesprochen werden, dass wirkliche Freiheit besteht. Schon allein der Satz »Wer möchte, kann gerne noch dableiben und mit uns (!) noch einen Tee trinken« ist für manche Anwesenden keine »Einladung«, sondern eine »Zumutung«. Sie hat am Auferstehungstag, am Sonntag ihren Platz und ihr wichtiges Recht, nicht am Sabbat und nicht am Feierabend.
Ich rate deshalb dazu, nach dem Feierabendgottesdienst nichts »Gemeinsames« mehr anzubieten, so schön das auch wäre. Wer das Miteinander nach dem Feierabendgottesdienst sucht, wird am Ausgang und beim Abschied zumindest noch auf einen Menschen treffen, der Gleiches erfahren hat. Mehr lässt sich nach meiner Erfahrung nicht »machen«, – und das soll auch so sein. Auch der Pfarrerin und dem Pfarrer gilt: Lass es gut sein …

Darstellung der Feierabendgottesdienste im Buch

Vieles lässt sich darstellen, nicht alles lässt sich vorbereiten. Deshalb sind im Folgenden die wesentlichen Teile der Feierabendgottesdienste herausgegriffen und so dargestellt, dass Pfarrerinnen und Pfarrer, Vikarinnen und Vikare, Prädikantinnen und Prädikanten mindestens ein Jahr lang einmal im Monat zu einem Feierabendgottesdienst einladen können, für den wenig Vorbereitung nötig ist.
Die Darstellung fasst zusammen (Stille), gibt die Quellen an (Lieder, Bibeltexte), führt aber alle sonstigen Texte und Hinweise ganz aus. Zusammenfassend orientiert sie sich an der folgenden Gliederung:

1. Raum
2. Symbol
3. Ankommen, Bleiben und Gehen gestalten
4. Liedvorschläge
5. Stille
6. Biblische Texte
7. Gebete
8. Thematischer Impuls
9. Meditation
10. Wort auf den Weg

Ausgeführte Gottesdienste

Abendspaziergang

Raum

Der Kirchenraum vermittelt »Vertrautheit«. Deshalb sollte er so ausgestaltet sein, wie ihn die Gemeinde in der Regel kennt.
Besondere Stationen sind nicht vorgesehen.

Wer am Ort Kontakte zu Heimatfotografen hat, kann diese rechtzeitig vorher bitten, eine kleine (!) Ausstellung von großformatigen Bildern zu gestalten. Im Gottesdienst selbst sollte aber dennoch nicht die Ausstellung im Mittelpunkt stehen.

Symbol

Kein Symbol

Ankommen, Bleiben und Gehen gestalten

Das Ankommen und Gehen kann dadurch »entschleunigt« werden, dass die Kirche erst durchschritten bzw. der Innenraum durch einen Rundgang begangen wird, bis die Ankommenden ihren Platz finden. Dies kann durch eine kleine Fotoausstellung oder durch Zahlen an einzelnen Einrichtungsgegenständen (z.B. 1: Taufstein aus dem Jahr 1905; 2: Kanzel; 3: Glasfenster etc.) unaufdringlich gesteuert werden.

Liedvorschläge

Die im Kapitel »Gestalt der Feierabendgottesdienste« jeweils unter »Lied« genannten Abendlieder.

Thematisch ausgerichtete Lieder:
Kommt, Kinder, lasst uns gehen (EG 393)
Noch hinter Bergesrande (Abendsegen, Text: R. A. Schröder, Mel.: Ch. Lahusen)
Jesu, geh voran (EG 391)
Diesen Anfang, Herr, segne du (Engelsberger, siehe Seite 135)
Danke, mein Gott (Engelsberger, siehe Seite 139)
Mein Gebet (Engelsberger, siehe Seite 134)
Am Ende des Regenbogens (Engelsberger, siehe Seite 136)

Stille

Wo vom Kirchenraum her möglich, kann bei der *ersten »strukturierten« Stille* dazu eingeladen werden, noch einmal schweigend den Kirchenraum zu begehen, dabei jeweils an bestimmten Stellen zu verweilen.
Wo dies nicht sinnvoll ist, können die Besucherinnen und Besucher eingeladen werden, die Augen zu schließen und sich einzelne, heimatlich vertraute Stellen und Orte im Dorf oder im Stadtteil zu vergegenwärtigen.

Während der *zweiten strukturierten Stille* wird eingeladen, bei geschlossenen Augen den eigenen Heimweg nach dem Gottesdienst gedanklich zu gehen.

Biblische Texte

Psalm 121 (Ich hebe meine Augen auf zu den Bergen)
Lukas 24,1-34 (Jesu Auferstehung; Emmausjünger)

Gebete

Zum Eingang:
Ewiger Gott,
ich bin den Weg hierher gegangen.
Nun habe ich meinen Platz gefunden
hier in der Kirche.
Viele waren vor mir.
Haben auf dem Platz gesessen,
auf dem ich sitze.
Dieser Stuhl, diese Bank
war eine Station ihres Weges.
Andere werden nach mir kommen.
Wir kommen und gehen.
Du bleibst von Ewigkeit zu Ewigkeit.

Zum Ausgang:
Du
treuer Gott
segnest Ausgang und Eingang,
Kommen und Gehen.
Du
Menschenfreund
gehst meine Wege mit
und begleitest meine Umwege.
Du
meine Heimat,
mein Lot und mein Halt,
schenkst mir einen guten Heimweg,
die Ruhe der Nacht
und deinen mütterlichen Segen.

Thematischer Impuls

»Wenn du eine Landschaft gut kennst, wirst du alle anderen Landschaften mit anderen Augen betrachten. Und wenn du einen Ort lieben gelernt hast, wird es dir leichter fallen, auch andere zu lieben.« (Anne Michaels)[3]

Heimat.
Es sind die vertrauten Klänge und die Farben. Es sind die Menschen.
Es ist die Sprache.
Du sagst »Währungsreform« – und die Älteren wissen, was gemeint ist. Du sagst »HSV« und »VFB«, und die Jungen verwechseln das nicht mit einer Fernsehgesellschaft oder einer Versicherung. Du sagst »Luise Rinser«, und wenigstens einige haben ihre Gedichte gelesen. Oder »Weizsäcker«, und Sie kennen den Physiker und seinen Bruder, den früheren Präsidenten. Oder »Bonhoeffer«, und Ihnen fällt zumindest ein: »Von guten Mächten wunderbar geborgen« – und dass sie ihn umgebracht haben, damals, kurz vor Kriegsschluss.
Abend.
Die Seele ist auf dem Weg.
Heimat.
Lege die Hände in den Schoß.
Lass es gut sein.

Meditation

Ich möchte mit Ihnen einen Abendweg gehen. Rund um einen kleinen Wald, oder entlang einem Tal, durch das ein ruhiger Bach seinen Weg gefunden hat. Oder sei es nur noch einmal ums Quadrat den kleinen Abendspaziergang. Ab und zu bleiben wir stehen und betrachten etwas, einen ersten Stern, einen Garten in der Abenddämmerung, ein Fenster, bei dem sich die Läden schließen.

Der Tag nimmt ab. Ach schönste Zier,
Herr Jesu Christ, bleib du bei mir,
es will nun Abend werden.
Lass doch dein Licht auslöschen nicht
bei uns allhier auf Erden.

3. Anne Michaels, Fluchtstücke, Berlin Verlag 1996, S. 106

Ich möchte mit Ihnen diesen eigentümlichen Übergang vom Tag in die Nacht und in einen neuen Tag meditieren. In aller Ruhe. Eben wie bei einem Abendspaziergang, bei dem ich hier und dort stehen bleibe, nicht hetzen muss. Was zu tun war, ist getan. Ich kann verweilen. Und doch bleibt mein Blick, sind meine Gedanken noch nach hinten ausgerichtet. Dorthin, was war an diesem Tag. Gesichter tauchen auf, Gesprächsfetzen, Sorgen, das ernste Gesicht der Ärztin, ein Anruf des Enkels. Vielleicht ist es auch so ein banales Ding wie eine zu hohe Telefonrechnung oder ein so schwer wiegendes wie die Gestaltung des eigenen Testaments. Vielleicht ist heute wieder der Brief ausgeblieben, auf den du gewartet hast, oder der Besuch hat dich enttäuscht. Die Hand war da, die Stimme, der Körper waren da, aber die Augen und die Gedanken waren weit weg. Du bist besucht worden und doch wieder nicht.
Dein Blick geht zurück. Du bist enttäuscht von diesem Tag. Von dieser einen Sache, die dich partout nicht in Ruhe lässt. Die dich bei deinem Abendspaziergang begleitet.
Du klebst an diesem Tag und kommst nicht los. Du gehst Schritte und merkst nach hundert Metern, wie sehr du in Gedanken vertieft warst, die dich nicht loslassen. Dabei wolltest du einfach nur noch einmal spazieren gehen.
Die erste Station. Ich würde ihr den Namen geben: »Noch erledigen müssen« oder »Zurückschauen« oder »Einfach nicht loskommen«.

Ich weiß, dass ich davon loskommen muss. Ich weiß, dass ich nur ruhig schlafen kann, wenn die Schubladen geschlossen und die Rechnungen beglichen sind. Mein Gott. Ich bleibe stehen und merke plötzlich: Da sind noch so viele Rechnungen offen. Da ist noch so vieles unausgeglichen. Ich bin mit dem und jenem nicht im Reinen, ich bin mit mir selbst nicht im Reinen. Kann man das überhaupt? Gibt es je den Zeitpunkt, an dem du in Ruhe die Hände falten kannst und sagen: Ja. So. Jetzt.

Dein Lieb und Treu vor allem geht,
kein Ding auf Erd so fest besteht,
solchs muss man frei bekennen.

Drum soll nicht Not, nicht Angst, nicht Tod
von deiner Lieb mich trennen.

»Dein Lieb und Treu vor allem geht« ...
Ich gehe in Gedanken noch einmal ums Quadrat, noch einmal einen Weg, der mir den Schlaf erleichtern soll.
Ich nähere mich vorsichtig der zweiten Station meines Abendspaziergangs. »Hat mich der Kerl doch noch ... – aber nein, lass es jetzt. Das war.«
Und dann stehe ich da, hebe den Kopf, sehe: Da sind noch andere. Andere Geschöpfe. Menschen, Bäume, Sterne. Häuser, in denen Menschen um den Arbeitsplatz bangen, um die Gesundheit wie ich. Menschen, sprachlos und hilflos wie ich.
»Drum soll nicht Not, nicht Angst, nicht Tod von deiner Lieb mich trennen.«
Ich stehe und staune. Da war doch auch Gutes an diesem Tag. Fast hätte ich es vergessen.
Es zählt zu meinen schönsten Erlebnissen, wenn ich Menschen dabei entdecke, wenn sie still in sich hinein lächeln. Da muss also etwas gewesen sein, was dem Tag die Krone aufgesetzt hat. Was ihm im Rückblick einen Glanz verleiht. Fast hätte ich es vergessen, aber da war doch der Mensch, der sagt: Schön, dass es dich gibt.
Ich möchte diese zweite Station nennen »Stehen und Staunen«.
Vorher bist du auch stehen geblieben. Hast zurückgeblickt. Bist dabei erschrocken. Bist daran fast verzweifelt. Und jetzt stehst du und staunst. Da war doch etwas. Da war ein Blick, eine Geste. Da war etwas, an dem deine Hoffnung sich anbinden ließe wie ein Boot nahe am Ufer. Am Grund. Das muss doch einen Grund haben, wenn jemand mich anlacht und sagt: Schön, dass es dich gibt.

Dein Wort ist wahr und trüget nicht
und hält gewiss, was es verspricht,
im Tod und auch im Leben.
Du bist nun mein, und ich bin dein.
Dir hab' ich mich ergeben.

Wir sind unterwegs auf einem Abendspaziergang. Die Sonne ist untergegangen. Ein klarer Himmel. Noch leuchtet ihr Licht am Horizont in violetten, roten, orangenen Farben. Immer matter werden die Farben. Immer weniger leuchtet der Abendhimmel.
Auch wenn ich den Sonnenuntergang fotografiere, – ich kann ihn nicht festhalten. Da waren heute schlimme Dinge und da waren gute Dinge. Und jetzt muss ich irgendwie die Kurve nach Hause kriegen. Ich muss den Weg zurückgehen. Und dabei wird es immer dunkler.
Ich wende mich um bei meinem Spaziergang. Bis zu diesem Baum, sage ich, dann drehe ich um. Oder bis zu diesem Geschäft, oder bis zu diesem Fels.
Auf dem Heimweg kenne ich mich aus. Ich weiß die Hindernisse, kenne die Umwege. Der Geruch ist mir vertraut, die Klänge, der Weg. Hier kann ich mich nicht mehr verlaufen. Hier weiß ich Bescheid. Hier – und das nenne ich die dritte Station unseres Abendspaziergangs – kann ich mich »der Nacht anvertrauen«. Hier erzählt jedes Haus eine Geschichte, die ich kenne. Jeder Name schreibt ein Buch, und jeder Busch weiß ein Lied. Das, was mich am Tag gestört haben mag, ist mir nun eine Orientierung. Die Geräusche, die Gerüche, selbst die Flüche aus den Häusern, die ich so gut kenne. Hier bin ich zu Hause. Nun kann ich mich der Nacht anvertrauen.
Nein, Gott ist nicht das, was ich mir einmal darunter vorgestellt habe. Aber ich ahne einen Heimweg, meine Schritte gehen schneller, sicherer, freier. Ja, da war vieles, und manches Schlimme darunter. Aber je näher ich an Vertrautes komme, umso aufrechter gehe ich. Und fast ist es, als könnte ich genießen. Und das ich. Ich bin doch kein Fels und kein Riese. Ich bin doch nur die oder der. Doch nun atme ich frei. Ich bin da. Und mir ist alles vertraut. Nun kann ich die letzten Schritte sogar langsamer gehen, kann verweilen hier oder dort. Ich weiß ja: Hier bin ich zu Hause.

Der Tag nimmt ab. Ach schönste Zier,
Herr Jesu Christ, bleib du bei mir,
es will nun Abend werden.

Lass doch dein Licht auslöschen nicht
bei uns allhier auf Erden.

Meine Hoffnung hat einen Namen, mein Verweilen hat einen Ort,
meine Ruhe hat einen Grund:
Herr Jesu Christ, bleib du bei mir, es will nun Abend werden.

Nun lass es Abend werden. Nun lass es gut sein. Was werden soll, wird werden. Morgen. Und ich weiß, morgen ist auch dein Tag. Morgen ist auch deine Sorge. Morgen. Ich möchte gerne dieser letzten Station unseres Abendspaziergangs auch einen Namen geben: Vielleicht den Namen »Ich will mich lösen vom heutigen Tag und will einem guten Morgen in die Arme hineinschlafen«.
Ich weiß, das sind eigenartige Worte.
Der Schlaf ist wichtig. Er begleicht, wenn er gelingt, alle Rechnungen des alten Tages.
Er öffnet, wenn er gelingt, alle Türen zum neuen. Und dazwischen schenkt er uns Träume, Landkarten, Wegweiser, Lösungen.
Nun lass mich nach Hause kommen, mich zur Ruhe begeben und darauf trauen, dass auf eine gute Nacht ein guter Morgen kommt.

Ich habe hinter mich geschaut und habe zurückgelassen.
Ich bin stehen geblieben und habe über das – dennoch – Gute gestaunt.
Ich habe mich der Nacht anvertraut.
Ich löse mich.
Lasse Heute gewesen sein, vertraue mich dem Dunkel der Nacht an und bin bereit, dem neuen Tag kein »aber« entgegenzusetzen, eher ein vorsichtiges »Ja«.

Wort auf den Weg

Schlaf schön,
sagt die Mutter,
nimmt das Kind noch einmal in den Arm,
gibt ihm einen Kuss,

geht
und lässt die Tür noch einen Spalt breit offen.
Zurück bleibt der Klang der Stimme,
der Geruch ihrer Haare,
die Wärme ihrer Hand,
das Licht vom Flur.

Lass es gut sein,
sagt Gott,
umarmt dich mit seiner Liebe,
schenkt dir zärtlich seinen Segen
und lässt die Tür noch einen Spaltbreit offen.
Licht von Ostern.
Licht von deiner Taufe.
Licht vom morgigen Tag.

Weiß ich, dass auf gute Nacht guter Morgen kommt

Raum

Der Kirchenraum ist so ausgestaltet, wie ihn die Gemeinde in der Regel kennt.
Besondere Stationen sind nicht vorgesehen.

Symbol

Wo die beiden Gebete, die in der Meditation zitiert werden, nicht in den Regionalteilen der jeweiligen Gesangbuchausgabe abgedruckt sind, können sie – schön gestaltet – ausgeteilt bzw. zur Erinnerung mitgegeben werden.

Ankommen, Bleiben und Gehen gestalten

Sehr ruhige Atmosphäre ohne Besonderheiten

Liedvorschläge

Die im Kapitel »Gestalt der Feierabendgottesdienste« jeweils unter »Lied« genannten Abendlieder.

Thematisch ausgerichtetes Lied:
Im Mittelpunkt steht: Abend ward, bald kommt die Nacht (EG 487)
Danke, mein Gott (Engelsberger, siehe Seite 139)
Mein Gebet (Engelsberger, siehe Seite 134)
Am Ende des Regenbogens (Engelsberger, siehe Seite 136)

Stille

Während der *ersten strukturierten Stille* wird die eigene Gebetspraxis reflektiert.
Dies geschieht einladend, nicht prüfend:
Du hast gebetet. Erinnerst du dich? ...
Du hast »Danke« gesagt. »Gott sei Dank!« Erinnerst du dich?
Bei allem, was anders war in dieser Woche, als du es erhofft hast, bei allen Belastungen und Sorgen dieses Tages, hast du dieses »Danke« gespürt. Erinnerst du dich?
Erleichtert warst du. Du konntest aufrechter gehen.

Auch die *zweite strukturierte Stille* lädt ein zum Gebet:
Morgen ist auch noch ein Tag.
Davor die Nacht.
Dann das Neue und Offene.
Nun lege die Hände in den Schoß.
Schenke Gott dein Vertrauen.
Schenke Gott ein Gebet.
Du hast jetzt Zeit.

Biblische Texte

Psalm 103 (Lobe den Herrn, meine Seele)
Psalm 19 (Die Himmel erzählen die Ehre Gottes)
Lukas 24,17-34 (vgl. Richter 19,9) (Gang nach Emmaus)

Gebete

Zum Eingang:
Es wird dunkel,
der Tag kommt an sein Ende.
Ich möchte noch einmal Kraft schöpfen,
für die Nacht und für den neuen Tag.
Ewiger Gott,
dir schenke ich mein Vertrauen.

Zum Ausgang:
Was war, ist gewesen.
Es war gut oder schlecht,
mühsam oder leicht,
es ist vergangen.
Du Gott,
mein Trost und mein Halt,
schenkst mir die Ruhe der Nacht.
Dankbar nehme ich dies Geschenk
und bin offen
für einen neuen Tag.

Thematischer Impuls

Geh ein paar Schritte
absichtslos
im Garten.

Alle Gärten erinnern
an den Traum vom Paradies,
fruchtbarer, umfriedeter Lebensraum.

Rieche am Lavendel,
streichle über die rauen Salbeiblätter,
lass den Tannenzweig
durch die Hand gleiten,
begrüße die Rosenblüte.

Verweile bei den Astern,
lerne Geduld.

Und suche die Stelle auf,
an der nach dem Winter
Schneeglöckchen, Narzissen
und Osterglocken
blühen werden.
Tief unter der Erde warten sie,
bis ihre Zeit gekommen ist.[4]

Meditation

Und sie nötigten ihn und sprachen: Bleibe bei uns; denn es will Abend werden, und der Tag hat sich geneigt. Und er ging hinein, bei ihnen zu bleiben.

Über Nacht bleiben.
Über Nacht Ruhe und Bleibe finden.
Über Nacht darauf vertrauen, dass ein guter Morgen kommt.

Mehrmals findet sich diese offenbar feststehende Einladung in der Bibel: »Bleibe bei uns; denn es will Abend werden, und der Tag hat sich geneigt.«
Diese Einladung hat auch eine Ostergeschichte. Die beiden, die auf dem Weg von Jerusalem nach Emmaus sind, einem Trauerweg, treffen in ihrer Trauer auf dem Weg Jesus, den sie einladen, den sie beim Brotbrechen erkennen und dessen Auferstehung ihnen gewiss wird.

Bleibe bei uns; denn es will Abend werden, und der Tag hat sich geneigt.

Es ist lebenswichtig, dass am Ende des Tages die Sorge für das Vergangene und die Sorge um das Morgige weggelegt werden kann. Am Ende der Woche feiert dies die jüdische Gemeinde im Sabbat, wir im

4. Aus: Gerhard Engelsberger, Inseln im Alltag, © Kreuz Verlag, Stuttgart 2001

Sonntag. Die Klöster praktizieren mit Einschränkungen nach dem letzten Gebet in der Regel ein Schweigen bis zum Morgen. Dieses Schweigen macht Sinn, wenn nichts mehr zu sagen ist, wenn keine Not mich drängt und keine Last mich erdrückt.

Bleibe bei uns; denn es will Abend werden, und der Tag hat sich geneigt. Und er ging hinein, bei ihnen zu bleiben.

Es liegt ein großes Geheimnis über der Nacht, über dem Schlaf. Wissenschaftler untersuchen die Schlaf- und Traumphasen, aber können die Seele nicht von ihrer Bindung an das Vergangene oder von ihrer Sorge über das Kommende entbinden. Diese Lösung, diese Ent-Bindung ist lebensnotwendig. Schweigen wird »geboren«.
Das »Schweigen der Seele« braucht einen Grund. Ich muss wissen, dass der, der für meine Obhut sorgt, »nicht schläft noch schlummert«, sondern wacht und bleibt. Anders als die Jünger im Garten Gethsemane, die nicht in der Lage sind, die gepeinigte Seele Jesu zu entlasten durch Fürbitte und Wachen mit ihm, – anders kann ich getrost davon ausgehen, dass ich schlafen darf, weil Gott wacht.

Rudolf Alexander Schröder hat das 1942 in kurze, wunderbare Verse gefasst:

Abend ward, bald kommt die Nacht,
schlafen geht die Welt,
denn sie weiß, es ist die Wacht
über ihr bestellt.

Einer wacht und trägt allein
ihre Müh und Plag,
der lässt keinen einsam sein,
weder Nacht noch Tag.

Jesu Christ, mein Hort und Halt,
dein gedenk ich nun,
tu mit Bitten dir Gewalt:
– ich liege vor dir wie die Frau mit ihren unverschämten Bitten, die sich an deine Fersen heftet, die dich zwingt, ihrem Kind Gutes zu tun –:

tu mit Bitten dir Gewalt:
Bleib bei meinem Ruhn.

Wenn dein Aug ob meinem wacht,
wenn dein Trost mir frommt,
weiß ich, dass auf gute Nacht
guter Morgen kommt.

Bleibe bei uns; denn es will Abend werden, und der Tag hat sich geneigt.
Und er ging hinein, bei ihnen zu bleiben.
Darauf kann ich mich verlassen.

Wenn Juden ihr Abendgebet sprechen, dann erinnern sie sich zuerst mit dem eindringlichen sch^{e}ma jisrael – Höre, Israel –: Der Herr ist unser Gott, der Herr allein. Und du sollst den Herrn, deinen Gott, lieb haben von ganzem Herzen, von ganzer Seele und mit all deiner Kraft.

Danach folgen als Nachtgebet die folgenden Worte des »haschkiwenu«: »Lass uns in Frieden niederlegen und zum Leben wieder aufstehen; breite über uns deine Friedenshütte ... im Schatten deiner Flügel birg uns, denn du bist unser Retter und Helfer ... behüte unser Gehen und Kommen zu Leben und Frieden; gepriesen seist du, der die Friedenshütte über uns und sein Volk und über Jerusalem breitet.«[5]

Am Morgen betet der fromme Jude nach dem Erwachen ein schlichtes Gebet: »Ich bekenne vor dir, dem ewig lebenden König der Welt, dass du mir in großer, treuer Liebe meine Seele wiedergegeben hast.« Es ist, als ob der Mensch mit dem Schlafen Gott seine Seele übergibt, in Gewahrsam gibt, in Obhut gibt, anvertraut, weggibt, loslässt – und staunend am Morgen erwacht, weil Gott ihm die Seele wieder gegeben hat.

Bleibe bei uns; denn es will Abend werden, und der Tag hat sich geneigt.

5. F. Thieberger, Jüdisches Fest – Jüdischer Brauch, Frankfurt 1997, S. 64

Und er ging hinein, bei ihnen zu bleiben.

Wir müssen den eigenen Traditionsbereich nicht einmal verlassen.

Von Christian Dieffenbach stammt das bekannte Nachtgebet, das der Szene unter dem Dach des Kleopas in Emmaus nachempfunden ist:

»Bleibe bei uns, Herr, denn es will Abend werden, und der Tag hat sich geneigt.
Bleibe bei uns und bei deiner ganzen Kirche.
Bleibe bei uns am Abend des Tages, am Abend des Lebens, am Abend der Welt.
Bleibe bei uns mit deiner Gnade und Güte, mit deinem Wort und Sakrament, mit deinem Trost und Segen.
Bleibe bei uns, wenn über uns kommt die Nacht der Trübsal und der Angst, die Nacht des Zweifels und der Anfechtung, die Nacht des bitteren Todes.
Bleibe bei uns und bei allen deinen Gläubigen in Zeit und Ewigkeit. Amen.«

Und schließlich übergibt auch Martin Luther in seinem Abendsegen seinem himmlischen Vater Leib, Seele und alles:

»Ich danke dir, mein himmlischer Vater, durch Jesum Christum, deinen lieben Sohn, dass du mich diesen Tag gnädiglich behütet hast, und bitte dich, du wolltest mir vergeben alle meine Sünde, wo ich Unrecht getan habe, und mich diese Nacht gnädiglich behüten. Denn ich befehle mich, meinen Leib und Seele und alles in deine Hände. Dein heiliger Engel sei mit mir, dass der böse Feind keine Macht an mir finde. Amen.«

So weiß ich, dass nach guter Nacht auch guter Morgen kommt.
So weiß ich es, weil ich meine Seele, meinen Leib, alles, Gott übergebe. In der Nacht – wenn der Schlaf gelingt – geht meine Seele bei Gott in Kur. »Curare« heißt Sorgen. Meine Seele geht bei gelingendem Schlaf bei Gott in Kur, ist seine Sorge.

Er bleibt, er wacht und wir dürfen darauf vertrauen, dass er uns am Morgen die Seele wieder schenkt und mit ihr einen guten Tag.

So betet der Gläubige zu Beginn der Komplet als eines der letzten Worte, die er spricht am Ende des Tages: Eine ruhige Nacht und ein seliges Ende verleihe uns der allmächtige, gnädige Gott.

Damit ist beides zusammengebunden. In der Nacht unseres Lebens danken wir Gott für das Vergangene und vertrauen wir Gott unsere Seele an für das Kommende und bitten ihn, er möge sie zum Leben bewahren.
So sind wir gewiss, dass auf gute Nacht ein guter Morgen kommt.

Wort auf den Weg

Eins fließt ins andere,
der Abend in die Nacht,
die Nacht in den Tag –
und alles strömt aus einer Quelle und mündet in ein Meer.

Eins fließt ins andere,
der Herbst in den Winter,
der Winter in den Frühling –
und alles strömt aus einer Quelle und mündet in ein Meer.

Eins fließt ins andere,
das Leben in den Tod,
und der Tod in das Leben –
und alles strömt aus einer Quelle und mündet in ein Meer.

Gott schenkt dir Geduld

Raum

Der Kirchenraum ist so ausgestaltet, wie ihn die Gemeinde in der Regel kennt.
Besondere Stationen sind nicht vorgesehen.

Symbol

Blumenzwiebel, eine Blumenknolle, eine Nuss oder mehrere – möglichst große – Samenkörner

Ankommen, Bleiben und Gehen gestalten

Die Ankommenden können bei der Begrüßung am Eingang wählen, ob sie eine Blumenzwiebel oder andere »Samen« mit an ihren Platz nehmen.

Liedvorschläge

Die im Kapitel »Gestalt der Feierabendgottesdienste« jeweils unter »Lied« genannten Abendlieder.

Thematisch ausgerichtete Lieder:
Der Bauer sät seinen Samen (Engelsberger, siehe Seite 144)
In allen meinen Taten (EG 368)
Die Erde ist des Herrn (Text: Jochen Rieß, Melodie: Matthias Nagel; EG reg.)
Ich möchte wie ein Brunnen sein (Engelsberger, siehe Seite 141f.)

Stille

Die *erste strukturierte Stille* lädt ein, über die »Geschichte« der Zwiebel, Knolle etc., die die Besucherinnen und Besucher in Händen halten, nachzudenken.

Die *zweite strukturierte Stille* wird so eingeleitet:
Dein Leben ist Frucht und Samen zugleich.
Dein Leben ist Blüte und Zwiebel oder Knollen zugleich.
Es ist die Kunst deines Lebens, das Wachstum nicht zu hindern,
deine Gaben blühen zu lassen,
deine Stärken zu zeigen,
deine Erfahrungen zu verschenken
mit Sommerhänden.
Habe Geduld mit dir selbst.
In der Stille bitte Gott, er möge dich entfalten –
nach seinem Bild.

Biblische Texte

Psalm 16 (Du tust mir kund den Weg zum Leben)
Lukas 8,4-15 (Gleichnis vom Sämann: ... Das aber auf dem guten Land sind die, die das Wort hören und behalten in einem feinen, guten Herzen und bringen Frucht in Geduld)
Klagelieder 3,1-33 (Klage und Trost eines Leidenden)
Jakobus 5,7-20 (Geduld und Gebet)

Einzelne Verse:
Geduld aber habt ihr nötig, damit ihr den Willen Gottes tut und das Verheißene empfangt. (Hebräer 10,36)
Barmherzig und gnädig ist der HERR, geduldig und von großer Güte. (Psalm 103,8)
Es ist ein köstlich Ding, geduldig sein und auf die Hilfe des HERRN hoffen. (Klagelieder 3,26)
So seid nun geduldig, liebe Brüder, bis zum Kommen des Herrn. Siehe, der Bauer wartet auf die kostbare Frucht der Erde und ist dabei geduldig, bis sie empfange den Frühregen und Spätregen. (Jakobus 5,7)

Gebete

Gebet zum Eingang:
Ein Blick auf die Uhr.
Es war schon spät.
Aber nun bin ich da.
Ich will die Uhr weglegen,
mein Gott,
will hören und schweigen.
Ich übe mich in Geduld.
Du schenkst mir die Zeit.

Gebet zum Ausgang:
Du hast mich gekannt,
Gott, als niemand an mich dachte.
Du hast mich geliebt,
als ich noch nicht war, wie ich geworden bin.
Du trägst mich,
jetzt, heute, morgen.
Deine Geduld ist der Boden, auf dem ich wachse.
Deine Liebe ist die Wärme, in der ich blühe.

Thematischer Impuls

Errechne nicht schon den Ernteertrag, wenn du noch beim Pflügen bist; freue dich nicht schon auf die Ausbeute des dritten Jahres, wenn du gerade jungfräulichen Boden bestellst. (I Ging[6])

Einer, so erzählt man, habe in den entwaldeten, kahlen Bergen
die wenigen Früchte der Kastanien und Eichen gesammelt.
Habe geschwiegen, weil keiner ihn fragte.
Habe in Zeiten des Elends unbeirrt gepflanzt auf kargen Höhen.

Eicheln und Kastanien, handverlesen,
habe er in die trockene Erde gelegt zu Zeiten,
in denen man Krieg führte.

6. Aus: Die großen Weisheiten der Chinesen, S. 64

Während der Kriege hätten die Früchte Wurzeln geschlagen.
Und nach den Kriegen hätten die Schösslinge
Blüten getrieben und Frucht getragen.

Heute
nach 50 Jahren
spielen dort Kinder,
entspringen Flüsse,
nisten die Vögel.

Meditation

Ich bin oft ein ungeduldiger Mensch.
Ich leide dann selbst unter meiner Ungeduld und bekümmere meine Umgebung.
Setze sie unter Druck.
Wahrscheinlich noch nie habe ich, wenn ich etwas bastelte, den Leim so lange trocknen lassen, wie es auf der Anweisung steht.
Wahrscheinlich noch nie blieb ich bei einer Krankheit so lange im Bett, wie der Arzt es meinte.
Wenn mir etwas zum Glauben fehlt, dann die Geduld.

Was ist »Geduld«?
Das alte deutsche Wort Geduld oder dulden ist niemals nur ausdauern oder dauern.
Dulden ist ertragen und getragen werden – wer Latein kann, kennt eben die Vielstimmigkeit von tollere und tolerare, das denselben Wortstamm hat: tollo – dulde.
Geduld ist »währen« und »bewahrt werden«.
Dulden ist »leiden« und »gelitten sein«.

Es macht keinen Sinn, wenn jemand Geduld aufbringt ohne ein Ziel.
Die so genannte »Einheitsübersetzung« der Bibel ersetzt oft den alten Begriff »Geduld« durch »Ausdauer«.
Was soll »Ausdauer«? Ausdauer streckt einfach die Zeit in eine unbestimmte Länge. Heute kann ich 20 Minuten laufen, in drei Wochen vielleicht 30 Minuten, in einem halben Jahr eine Stunde. Ausdauer-

training. Aber was soll das ganze Ausdauertraining, wenn ich mich immer im Kreis drehe, wenn ich nicht vorwärts komme?

Geduld hat ein Ziel. Geduld ist getragen von der Gewissheit, da ist ein anderer, der mich duldet, der auf mich wartet, der mich braucht oder sucht.
Geduld ist der Weg im Vertrauen darauf, dass dieser Weg ein Ziel hat. Ab und zu blitzt am Horizont das Ersehnte auf, so wie – wenn wir am Meer stehen – ein Schiff am Horizont auftaucht und dann wieder verschwindet.

Es sind Stunden
größten Glücks und größten inneren Friedens,
wenn wir –
meist unverdient –
schon jetzt ab und zu lieben können ohne Angst
und glauben dürfen
ohne den Halt an steinernen Tafeln.
Es sind die Augenblicke,
die wir nicht für uns behalten wollen.
Es sind die Augenblicke,
die wir mit der ganzen Welt teilen möchten.
Dann sind wir »in Christus«.
Im Herzen des dreieinigen Gottes und damit
Herz an Herz
mit dem Leben.

Aus dieser Tiefe schrieb einst Papst Johannes XXIII.:
»Nur für heute werde ich mich bemühen, den Tag zu erleben, ohne das Problem meines Lebens auf einmal lösen zu wollen.
Nur für heute werde ich etwas tun, wozu ich eigentlich keine Lust habe.
Nur für heute werde ich mich vor zwei Übeln hüten: vor der Hetze und der Unentschlossenheit.
Nur für heute werde ich glauben – selbst, wenn die Umstände das Gegenteil zeigen sollten –, dass Gott für mich da ist.

Ich will mich nicht entmutigen lassen durch den Gedanken, ich müsste dies alles mein ganzes Leben lang durchhalten.«

Im Tiefsten geht es nicht um meine Ausdauer, es geht um Gottes Geduld mit mir. Ich bin »geduldet«, ich bin getragen und ertragen, ich bin auf Zukunft hin von Gott gedacht. Weggetragen ist, was mich an den Augenblick bindet, mich schwer macht.

Gott trägt mich.
Ich bin geduldig mit mir selbst.
Will mich nicht übernehmen.
Gönne mir die Zeit zu wachsen,
zu blühen, zu welken,
Frucht zu tragen,
den Boden zu bereiten
für andere.

Wort auf den Weg

Straßburg, Ulm, Freiburg, Köln – du stehst vor den großen Domen und Münstern und staunst. Die kundige Führerin erzählt dir alles Wissenswerte. Beschreibt die einzelnen Baustile und Epochen, nennt vielleicht die Bischöfe und weist dich auf Besonderheiten hin.
Mag sein, dass das Alltägliche dieser Bauwerke darüber verloren geht. Und doch ist das Alltägliche gleichwohl das Erstaunlichste: Tausende Handwerker, Gesellen und Tagelöhner, Hunderte Meister, unzählige Hände, Zimmermänner, Steinmetze, Maurer, Maler, – sie sind eingegangen mit ihrer Arbeit in Rosetten und Fenster, in Stützpfeiler und Bögen, in Decken, Wände, Treppen und Böden. Sie alle haben nur für die Zukunft gearbeitet, für dich und für andere, die mit dir heute staunend vor diesen Wundern stehen.
Kaum einer von ihnen hat den fertigen Dom betreten, hat die Glocken läuten, die Orgel spielen gehört. Der Steinmetz hat Monate an einer Lilie gearbeitet, die heute oben in 70 Metern Höhe nur mit dem Fernglas zu erkennen ist. Das war seine Lilie, sein Lebenswerk, seine Zeit.

So ist es mit den meisten Wundern. Sie fallen nicht vom Himmel. Sie sind Ergebnis großen Vertrauens und großer Geduld. Sie entstehen daraus, dass du dich mit Deinem bescheidest und das Deine denen hinterlässt, die nach dir kommen.

Bis mein Herz Ruhe findet in dir

Raum

Der Kirchenraum ist so ausgestaltet, wie ihn die Gemeinde in der Regel kennt.
Besondere Stationen sind nicht vorgesehen.

Symbol

Herz

Ankommen, Bleiben und Gehen gestalten

Keine Besonderheiten beim Ankommen; bei der Verabschiedung erhalten die Gottesdienstbesucherinnen und Gottesdienstbesucher ein ausgeschnittenes Herz (Karton) mit aufgeklebtem Augustinustext: »Denn zu dir hin hast du uns geschaffen, und unruhig ist unser Herz, bis es ruhet in dir.«

Liedvorschläge

Die im Kapitel »Gestalt der Feierabendgottesdienste« jeweils unter »Lied« genannten Abendlieder.

Thematisch ausgerichtete Lieder:
Herz und Herz vereint zusammen (EG 251)
Herr, öffne mir die Herzenstür (EG 197)
Ein reines Herz, Herr, schaff in mir (EG 389)

Am Ende des Regenbogens (Engelsberger, siehe Seite 136)
Danke, mein Gott (Engelsberger, siehe Seite 139)
Mein Gebet (Engelsberger, siehe Seite 134)

Stille

Erste strukturierte Stille:
Noch schlägt das Herz im Takt dieses Tages.
Noch hat die Seele keine Ruhe.
Höre auf den Takt deines Herzens.
Lass eines nach dem anderen los.
Bis du ganz hier bist.

Zweite strukturierte Stille:
Da ist noch einiges, was dich stört.
Was dir die Ruhe nicht gönnen will.
Lege es Gott ans Herz.

Biblische Texte

Psalm 51 (Schaffe in mir, Gott, ein reines Herz)
Psalm 131 (Mein Herz ist nicht hoffärtig)
Psalm 139 (Herr, du erforschest mich und kennest mich)
Jeremia 31 (Neues Herz)
Hesekiel 11 (Ein anderes Herz)
Markus 7,1-23 (Von Reinheit und Unreinheit)

Gebete

Eingangsgebet:
Herr Jesus Christus,
erbarme dich meiner.
Schenke mir ein hörendes Herz
und die Ruhe der Seele.

Ausgangsgebet:
Gott,
du bist meines Herzens Frieden,
meiner Hände Halt,
meiner Füße Weg,
meines Lebens Grund
und Quelle.

Thematischer Impuls

Graf Dürckheim erzählt, dass ein Abt eines Zen-Klosters sich erbot, ihm eine Tuschemalerei zu schenken. Er ließ sich die Farbtöpfe, die Tusche, Wasser bringen und begann, kniend und langsam, bedächtig die Farben zu verreiben. Als Graf Dürckheim ihn fragte, warum er diese Vorbereitungen selbst treffe, antwortete er: »Im stillen Hin- und Hergehen der Hand, die mit Sorgfalt die Tusche bereitet, wird man ganz ruhig. Alles wird still – und nur aus einem unbewegt stillen Herzen kann etwas Vollkommenes aufblühen.«
Dann malte der Abt auf dünnstem Reispapier das Bildnis der Quannon, der Göttin der Liebe und Freundlichkeit. Doch das Ergreifendste war, als er aus freier Hand den Kreis des Heiligenscheins mit einer nicht nachzuahmenden Vollkommenheit zeichnete. [...]
Von dem großen heiligen Meister der Frührenaissance, dem Fra Angelico da Fiesole, wird die gleiche Geschichte berichtet. Der Papst sandte Boten zu ihm, die ihn bitten sollten, ihm eine Probe seiner Kunst vorzuführen. Fra Angelico nahm ein Stück Pergament und zeichnete darauf mit freier Hand einen vollendeten Kreis und gab das Blatt wortlos den Boten.[7]

Meditation

Groß bist du, o Herr, und hoch zu preisen, groß ist deine Kraft und unermesslich deine Weisheit. Und preisen will dich ein Mensch. ...

7. Wladimir Lindenberg, Die Menschheit betet. Praktiken der Meditation in der Welt, © Ernst Reinhard Verlag München/Basel, 1990, S. 61-62

Du selbst aber gibst den Antrieb; so beglückt es ihn, dich zu preisen. Denn zu dir hin hast du uns geschaffen, und unruhig ist unser Herz, bis es ruhet in dir.[8]

Denn zu dir hin hast du uns geschaffen, und unruhig ist unser Herz, bis es ruhet in dir.

354 bis 430 lebte Aurelius Augustinus, der Kirchenlehrer des Abendlandes. Er hat uns wie wenige in sein Herz schauen lassen. Seine Bekenntnisse sind von einer bis heute eigentlich selten erreichten Tiefe.

Den Anfang dieser 400 Seiten starken Bekenntnisse bildet dieser große Satz:
Tu nos fecisti ad Te et cor nostrum inquietum est donec requiescat in Te.
Zu dir hin hast du uns geschaffen, und unruhig ist unser Herz, bis es ruhet in dir.

Wie ist das mit unserem Herzen?

Die Religionen der Welt kennen zwei unterschiedliche Mittelpunkte des Menschen. Die östlichen Religionen sehen den Mittelpunkt in der Gegend des Nabels, des solar plexus, in der körperlichen Mitte. Sie meditieren auf diese Mitte hin, finden in dieser Mitte Stabilität und Ruhe. Sie sammeln sich um diese Mitte.

Diese Mitte ist für die Menschen der jüdisch-christlichen-griechischen Tradition das Herz.
Es schlägt. Wenn wir stille werden, hören wir sein regelmäßiges Schlagen. Das beunruhigt anfangs. Wenn es gelingt, in den Herzschlag einzustimmen, dem Fließen des Blutes durch unseren Körper nachzuspüren, verliert sich die Angst.

Was ist das Herz?

Die Mönche vom Berg Athos, die russischen Pilgermönche beteten und meditierten das Herzensgebet. Der Hesychasmus – so nennt man

8. Augustinus, Bekenntnisse, dtv-Klassik, München 1994, S. 31

diese Form christlicher Meditation – entsteht in der ägyptischen Wüste, im 3. und 4. Jahrhundert.
Der Mönch Gregor Palanus, der im 14. Jahrhundert lebte, sagt in einer Predigt: »Hesychia ist Stillesein des Geistes und der Welt, Vergessen des Niedrigen, geheimnisvolles Erkennen des Höheren, das Hingeben der Gedanken an etwas Besseres, als sie selber sind. So schauen die, die ihr Herz durch solch heiliges Schweigen gereinigt und sich auf unaussprechliche Weise mit dem alles Denken und Erkennen übersteigenden Lichte vereinigt haben, Gott in sich selbst wie in einem Spiegel.«
Das Herzensgebet gibt es in verschiedenen kurzen Formen. Die ursprünglichste Form ist die Gebetsbitte: »Herr Jesus Christus, erbarme dich meiner.«
Der heilige Symeon rät: »Setz dich still und einsam hin, neige den Kopf, schließe die Augen; atme recht leicht, blicke mit deiner Einbildung in dein Herz, führe den Geist, das heißt das Denken, aus dem Kopf ins Herz. Beim Atmen sprich, leise die Lippen bewegend oder nur im Geiste: ›Herr Jesus Christus, erbarme dich meiner.‹ Gib dir Mühe, alle fremden Gedanken zu vertreiben. Sei nur still und habe Geduld und wiederhole diese Beschäftigung recht häufig.«

»Herr Jesus Christus, erbarme dich meiner.« Das so genannte »Herzensgebet«.

Was ist das Herz?

Im Hebräischen heißt Herz »leb«. Manche sagen oberflächlich und der Maschinensprache angepasst, das Herz sei eine »Pumpe«.
In der Bibel bedeutet das Wort »leb«, das wir mit »Herz« übersetzen, so viel mehr und anderes.
Es ist das Organ in unserem Innern: Das Herz »erstirbt«, »zittert«, »flattert«.
Das Alte Testament gibt allerdings nirgendwo zu erkennen, dass es den Zusammenhang von Herztätigkeit und Pulsschlag kennt. Das Herz jedenfalls ist das zentrale Organ vor allem in Krankheiten, Überanstrengungen.

Das Herz bleibt ein unzugängliches Organ, deshalb kann man auch vom Herzen des Meeres (Sprüche 30,18) oder des Himmels (5 Mose 4,11) reden. Herz steht also in diesem Zusammenhang für alles Unzugängliche und Unerforschliche: »Der Mensch sieht, was vor Augen ist, Gott aber sieht das Herz an.« (1 Samuel 16,7)

Dann ist »leb« der Begriff für das Gefühl eines Menschen. Diese Bedeutung mag von den »Erregungszuständen« des kranken Herzens her verständlich sein.
In Palm 25,17 betet ein Leidender: »Löse meines Herzens Bedrängnisse! Aus meinen Nöten führe mich heraus.« Der erste Satz heißt wörtlich: Weite die Verengungen meines Herzens! »...du weitest mein Herz« (Psalm 119,32) heißt: Du befreist mich.

Das Herz ist auch der Sitz der Weisheit des Menschen:
»Unsere Tage zu zählen, das lehre uns, dass wir heimbringen ein weises Herz« (Psalm 90,12. Als ein hörendes (!) Organ ist das Herz weise und einsichtig. Deshalb bittet Salomo Gott um ein »hörendes Herz« (1 Könige 3,9ff.). Das Herz ist also als (Weisheit) empfangendes Organ gedacht.

Das Herz als hörendes Organ ist das Zentrum des bewusst lebenden Menschen.

Im sechsten und siebten Kapitel des Buches Hiob antwortet Hiob auf die Rede seines Freundes Eliphas in einer großen Klage. An deren Ende findet sich eine der großartigsten Beschreibungen des Menschen. Man überliest dieses Bild im Luthertext leider zu leicht. Hiob fragt: »Was ist der Mensch, dass du ihn groß achtest und dich um ihn bekümmerst?« (Hiob 7,17)
Übersetzt man die Stelle wörtlich, heißt sie: Was ist der Mensch, dass du ihn groß werden lässt und dein Herz zu ihm hin ausrichtest?
Bernhard von Clairvaux (1090-1153) übersetzt: »Was ist der Mensch, dass du ihn groß machst oder gar dein Herz an ihn grenzen lässt?«[9] (quia ponis erga eum cor tuum).

9. Weil mein Herz bewegt war, Freiburg 1990, S. 23f.

Der Mensch ist das Wesen, an das Gott sein Herz grenzen lässt. Offene Brust Gottes. Offene Brust des Menschen. Herz an Herz. So nah. Glauben, vertrauen, das ist der leise Dialog der beiden Herzen. Dieser Dialog ist ein Ausdruck der Liebe, der übertragenen Verantwortung, des Scheiterns im Miteinander, des Schmerzes aneinander.

Der Mensch ist das Wesen, an das Gott sein Herz grenzen lässt. Nichts Intimeres ist denkbar, nichts Näheres ist spürbar. Offenes göttliches Herz an offenem menschlichem Herzen. Der Mensch ist das Wesen, an das Gott sein Herz grenzen lässt.

Und Augustinus greift solche biblischen Gedanken auf. Spürt sein unruhiges Herz. Spürt, dass der Mensch nur auf Zeit zur Ruhe findet, am Feierabend, dann wenn er die Hände in den Schoß legt und – wie man im Volksmund seit dem 18. Jahrhundert sagt – den Herrgott einen guten Mann sein lässt[10], das heißt: nun keinerlei Angst mehr hat vor einem rächenden, strafenden, verfolgenden Gott, und deshalb unbekümmert und unbesorgt lebt.

Doch dann fällt das Herz des Menschen wieder und wieder zurück in Unruhe.
Die Zeit der Entlastung dauert nicht, die Herzensruhe bleibt nicht, muss immer wieder neu gesucht werden.
Der Feierabend ist eine gute Übung für die Herzensruhe, der Sabbat, der Sonntag, die Stille.

Und doch bleibt der Mensch und sein Herz, an das Gott das seine grenzen lässt, unruhig, bis Herz und Herz eins sind. Bis Gott sein Herz nicht mehr nur an uns grenzen lässt, sondern eins ins andere fließt, ohne trennende Wand.

Unser Leben könnte einen Sinn darin haben, das Horchen auf Gottes Herz zu üben.
Gleichförmig zu werden mit Jesus Christus.
Zu dir hin, Gott, hast du uns geschaffen, und unruhig ist unser Herz, bis es ruhet in dir.

10. So auch Gottfried Keller im »Landvogt von Greifensee« erstmals literarisch.

Wort auf den Weg

»Denn zu dir hin hast du uns geschaffen, und unruhig ist unser Herz, bis es ruhet in dir.«
So beginnt Augustinus seine Bekenntnisse. Und er schließt sie ab mit folgenden Gedanken:

»Herr, Gott, gib uns Frieden – alles hast du uns ja geschenkt –, den Frieden der Ruhe, den Frieden des Sabbats, den Frieden ohne Abend! Denn jener herrliche Reigen lauter sehr guter Dinge, wenn sein abgemessener Lauf vollendet ist, wird er vergehen. Denn er hat seinen Morgen gehabt und seinen Abend.
Der siebte Tag aber ist ohne Abend und hat keinen Sonnenuntergang, denn du hast ihn geheiligt zu ewiger Dauer. Und wenn du nach all deinen sehr guten Werken am siebten Tage ruhtest, obschon du sie in Ruhe vollbracht, so soll dies Wort deines Buches uns verkünden, dass auch wir nach unsern Werken ... am Sabbat des ewigen Lebens ruhen werden in dir.
Denn dann wirst du auch in uns ruhen, so wie du jetzt in uns wirkst, und so wird jene unsere Ruhe die Deine sein, wie auch diese unsere Werke die Deinen sind. …
Wir hoffen, dass wir, nachdem sie vollbracht, ruhen werden, geheiligt und verherrlicht in dir. Du aber, du Gut, das keines Gutes bedarf, ruhest immer, da du selbst deine Ruhe bist. Dies zu verstehen, kann wohl ein Mensch dem andern dazu helfen? Oder ein Engel dem andern Engel oder ein Engel dem Menschen? Von dir müssen wir's erbitten, in dir es suchen, bei dir anklopfen. So, nur so werden wir empfangen, werden wir finden und wird uns aufgetan. Amen.«[11]

11. Augustinus, Bekenntnisse, dtv-Klassik, München 1994, S. 405f.

Aufrechter Gang (Osterkreis)

Raum

Der Kirchenraum ist so ausgestaltet, wie ihn die Gemeinde in der Regel kennt.
Besondere Stationen sind nicht vorgesehen.

Symbol

Kein Symbol.

Ankommen, Bleiben und Gehen gestalten

Keine Besonderheit.
Am Ausgang könnte eine Kunstdruck-Karte mit einem Auferstehungsbild verschenkt werden.

Liedvorschläge

Die im Kapitel »Gestalt der Feierabendgottesdienste« jeweils unter »Lied« genannten Abendlieder.

Thematisch ausgerichtete Lieder:
Erstanden ist der heilig Christ (EG 105)
Ist Gott für mich, so trete gleich alles wider mich (EG 351)
Jesu, geh voran (EG 391)
Vertraut den neuen Wegen (EG 395)
Einer geht zaghaft (Engelsberger, siehe Seite 140)
Such deinen Platz nah bei meinem (Engelsberger, siehe Seite 143)

Stille

Die Zeiten der Stille sind nicht strukturiert.

Biblische Texte

Psalm 68 (Gott legt uns eine Last auf, aber er hilft uns auch)

Lukas 5,17-25 (Heilung eines Gelähmten)
Lukas 24,1-35 (Gang nach Emmaus)

Gebete

Eingangsgebet:
Herr Jesus Christus,
nimm mich an deiner Hand,
pflege meine Wunden,
heile meine Seele,
vergib meine Schuld,
hilf mir zum aufrechten Gang.

Schlussgebet:
Mein Gott,
ich will mich wehren gegen Tritte und Trott,
will
aufhorchen.
aufbegehren,
aufstehen.
Hilf mir.
Da ist so vieles, das mich hindert,
aufzustehen:
die schlechten Erfahrungen,
die Jahre meines Lebens,
die Müdigkeit meiner Träume
und die Leere meiner Tage.
Sprich du ein Wort,
so wird meine Seele gesund.

Thematischer Impuls

»Schon 10 Tage Glück«. Das stand auf einer der Häuserwände in Paris, 1968 im Mai während der Studentenunruhen, die weit über die Studierenden hinaus ganz Frankreich erschütterten. »Schon 10 Tage Glück«.

Helmut Gollwitzer schrieb in den bewegten Jahren 1968/69 für die Studierenden in Berlin die folgenden Thesen[12]:

1. Nichts ist gleichgültig. Ich bin nicht gleichgültig.
2. Alles, was wir tun, hat unendliche Perspektiven, – Folgen bis in die Ewigkeit; es hört nichts auf.
3. Es bleibt nichts vergessen. Es kommt alles noch einmal zur Sprache.
4. Wir kommen aus Licht und gehen in Licht.
5. Wir sind geliebter, als wir wissen.
6. Wir werden an unvernünftig hohen Maßstäben gemessen.
7. Wir sind auf einen Lauf nach vorne mitgenommen, der uns den Atem verschlägt; Sünde = nicht mitkommen; Bitte um Vergebung = deswegen nicht abgehängt werden.
8. Es geht nichts verloren.
9. Die Philosophen sprechen von der Suche nach Gott; aber das ist, wie wenn man von einer Suche der Maus nach der Katze spräche. Wir sind auf der Flucht – und es wird uns auf die Dauer nicht gelingen. Es wird uns zu unserem Glück nicht gelingen.
10. Wir sind nicht allein.
11. Wir sind nie allein.
12. Dieses Leben ist ungeheuer wichtig.
13. Die Welt ist herrlich – die Welt ist schrecklich.
14. Es kann mir nichts geschehen – Ich bin in größter Gefahr.
15. Es lohnt sich, zu leben.

Meditation

Was ist leichter, zu sagen: Dir sind deine Sünden vergeben, oder zu sagen: Steh auf!

Ich habe nachgeschlagen: 62 Mal findet sich der Ruf »Steh auf!« in der Bibel.

12. Helmut Gollwitzer, Krummes Holz – aufrechter Gang.
Zur Frage nach dem Sinn des Lebens. © by Gütersloher Verlagshaus, Gütersloh, in der Verlagsgruppe Random House GmbH, München

»Steh auf!«, sagt der Engel zweimal zu Elia, der mit wunder Seele sich von den Menschen zurückgezogen hat und wie tot daliegt.
»Steh auf!«, sagt Jesus zum gelähmten, zum schwer kranken oder gar toten Kind. »Steh' auf!«
»Steh auf!«, sagt Gott zu Josua, der sich niedergeschlagen, depressiv und klagend nach einer schlimmen Niederlage mit anderen Überlebenden auf den Boden geworfen hat.
»Steh auf!«, sagt Jesus zu einem Behinderten.
»Steh auf!«, sagt der Engel zu Petrus, der im Gefängnis in Ketten liegt.

»Steh auf!«, das ist für mich der stimmige Ruf Gottes an jeden ausgegrenzten, beschämten, geschundenen, gekränkten Menschen.
»Steh auf!«, ist der Ruf, der jeder wunden Seele gilt.
Sie kennen die leicht oberflächlich verstandenen Begriffe »Gesetz« und »Evangelium«. In den Geboten, in den Orientierungstexten, in den ethischen Anleitungen der Bibel kommt der Anspruch zu Wort, den Gott an einen Menschen hat, der sein Ebenbild sein soll. Geschaffen, Gottes Ebenbild zu sein. So geschaffen, dass man an ihm – an diesem Menschen – erkennt, wie gut es Gott mit der Welt meint. Das ist »Gesetz«: Gott meint, wir könnten der Welt ein Hinweisschild auf den Schöpfer selbst sein. Er zeigt uns, sagt uns, bittet uns, wie wir uns entsprechend verhalten sollen.

Der Mensch antwortet überfordert. Von Anfang an ist der Mensch überfordert. Die Urgeschichten der Bibel erzählen davon. Adam scheitert, Eva scheitert, und ihr erstes Kind, jenseits von Eden, erschlägt schon seinen Bruder.
Überfordert ist der Mensch. Ist nicht in der Lage, dem Bild Gottes zu entsprechen. Wir reden dabei von »Sünde«. Sünde ist zuerst einmal nichts Böses, sondern die Beschreibung eines Zustandes, in dem der Mensch sich schon vorfindet, wenn er zu denken und zu handeln beginnt.
So besehen kann ich nicht mehr Sünder sein oder weniger.
Ich kann – auf die Spitze getrieben– nur eines sein, entweder Gott oder Sünder.

Jenseits von Eden häuft sich Schuld an Schuld. Die ganze Urgeschichte – über den Brudermord, über den Turmbau, über den Umgang mit Tieren bis zum himmelschreienden Unrecht in Sodom und Gomorrha – ein einziges Zeugnis dafür, dass alles Verderben und Elend von der Sünde herkommt. Ständig wird die Kluft zwischen Mensch und Gott größer; zuerst ist es eine Mauer, die ihn vom Garten Eden trennt, schließlich die Flut, das Meer, der kollektive Tod, die Dunkelheit und Leere. Aber die Bibel ist ein ganz eigenartiges Buch. Es zeigt sich die Sünde, öffnet sich die Kluft zwischen Gott und Mensch, und gleichzeitig – in denselben Geschichten entdeckt Gott (offenbart Gott) seine Gnade. So wie der Mensch nichts anderes sein kann als Sünder, so kann offensichtlich Gott nichts anderes sein als Gnade.

Der Mensch kann nichts anderes sein als Sünder.
Und Gott kann nichts anderes sein als Gnade.
Das beginnt bei der Urgeschichte und gipfelt – für uns – in dem, was wir von Jesus als dem Christus erzählen.
Die Sündergeschichte wird zur Gnadengeschichte. Alle Grenzziehungen kommen durcheinander.
Sündengeschichte ist Gnadengeschichte, sonst könnte ich nicht vom »aufrechten Gang« erzählen. Wir kommen auf Umwegen. Das ist so. Es gibt den geraden Weg nicht. Der Mensch ist, sobald er Mensch ist, Sünder. Das ist nichts Böses, – das ist so. Wir kommen auf Umwegen. Unsere Seele ist von Geburt an eine »wunde Seele«. Die Seele gerade eines Kindes liegt bloß, verwundbar, empfindlich, hochsensibel vor uns. Das Leben ist eine andauernde Operation am offenen Herzen.

Eine jüdische Legende berichtet, der Mensch habe eines Tages folgendermaßen zu Gott gesprochen:
»Lass uns die Rollen vertauschen. Sei du Mensch, und ich will Gott sein. Nur eine Sekunde lang.«
Gott lächelte sanft und fragte: »Hast du keine Angst?«
»Nein. Und du?«
»Ich habe Angst«, sagte Gott.
Trotzdem gab Er dem Wunsche des Menschen nach und wurde Mensch. Dieser nahm den Platz Gottes ein und machte unverzüglich

von seiner Allmacht Gebrauch: er weigerte sich, an seinen vorigen Platz zurückzukehren.[13]

Gottes Angst – bleiben wir innerhalb der Legende – Gottes Angst hat sich bestätigt.
Die Geschichte der Menschen ist Sündengeschichte. Ja.
Die Geschichte der Menschen ist Gnadengeschichte. Ja.
Gesetz und Evangelium. Wunde Seele – aufrechter Gang.

Die Geschichte des Menschen ist ein melancholisches, sentimentales, fast schwermütiges Lied. Die Geschichte des Menschen ist gleichzeitig ein Loblied auf den Schöpfer, ein ekstatischer Tanz, ein »großer Gesang«. Ein Danklied und eine Bittprozession, ein Streitlied und die Entdeckung des pianissimo – bis zum silentium. Bis zur Stille. Für mich kann ich nur sagen: Stille heilt meine wunde Seele so, dass ich aufrecht gehen kann.

Wenn Sie mich fragen, wo mir Gott begegnet ist, dann waren das die schlimmen Zeiten meines Lebens und es war die Stille, die ich gelegentlich fand. Irgendwo am Meer oder auf einem Berg, an der Schulter meiner Frau oder in einem Kloster, in einer Kirche. Nie bei einem »event«.

Ein Missionar hat Gottesdienst gehalten irgendwo in Afrika. Eine Stunde nach dem Gottesdienst geht er noch einmal zurück in die kleine, schäbige Kirche, um sie abzuschließen. Da sieht er einen Mann vor dem Altar knien und wie gebannt auf den Altar schauen. »Freund«, sagt er, »was machst du? Der Gottesdienst ist vorbei? Warum bist du noch hier?«
Und der Mann dreht sich um, richtet sich auf und sagt:
»Ich halte meine Seele in die Sonne.«

Die Geschichte der Menschen ist Sündengeschichte. Ja.
Die Geschichte der Menschen ist Gnadengeschichte. Ja.
Steh auf!
Gesetz und Evangelium.
Trotz wunder Seele – aufrechter Gang.

13. Elie Wiesel, Gezeiten des Schweigens, HERDER spektrum Bd 4154. Aus dem Französischen von Curt Meyer-Clason. © Verlag Herder, Freiburg im Breisgau, 1992

Wort auf den Weg

Die Ameise kennt ihre Formel,
der Vogel sein Nest, der Hirsch sein Revier.
Allein der Mensch wähnt sich ohne Grenzen
und gleichzeitig verloren,
umherirrend wie ein Heimatloser
zwischen Andromedanebel und
irgendeiner nahe gelegenen Galaxie,
die er bei Nacht mit bloßem Auge kaum erkennt.
Die uns geschenkte Zeit ist der unwiederbringliche,
gleichzeitig so offene Anteil am Leben.
Viel zu spät oft entdecken Menschen
ihren eigentlichen Auftrag:
Es ist Zeit zu leben.

Das heißt zuerst einmal nur:
Meinen Anteil am Werden des Ganzen, an der Vielfalt,
an Gottes Fülle nicht zu verweigern.
Doch dann beginnt die Kür, auf die Gott sich freut.
Dann beginnt mein unverwechselbarer Beitrag.
Mir ist Phantasie geschenkt für neue Wege,
Kraft geschenkt gegen Hindernisse,
Liebe geschenkt gegen Zweifel,
Mut geschenkt gegen Unrecht,
Weite geschenkt gegen Sturheit,
Fülle geschenkt gegen Grenzen,
und der Glanz Gottes weitet meinen Blick.
Wer heute Auferstehung feiert, wird morgen nicht buckeln.
Wird sich übermorgen nicht knechten lassen,
wird eines Tages aufrecht gehen.
Dann verlieren sich
die Grenzen zwischen Gestern und Morgen.
Dann ist nur noch
Heute und Fülle und Werden und Gott.

Und Gott segnete den Feierabend (Zur Getreide-Erntezeit)

Raum

Der Kirchenraum ist so ausgestaltet, wie ihn die Gemeinde in der Regel kennt.
Besondere Stationen sind für die verschiedenen Sorten Körner vorgesehen (Fühlgang).

Symbol

Weizenähre

Ankommen, Bleiben und Gehen gestalten

Die Ankommenden werden nach der Begrüßung zu einem »Fühlgang« geleitet.
Die verschiedensten Körner – meist Getreidekörner – sind in möglichst großen Gefäßen an Stationen in der Kirche aufgestellt: Weizen, Gerste, Hafer, Dinkel, aber auch Sonnenblumen, Senf u. a.
Die Ankommenden sind eingeladen, die Körner »fühlend« durch die Hände gleiten zu lassen, das Leben zu spüren, das in dieser Ernte steckt.
Am Ausgang erhalten alle Gottesdienstbesucher und -besucherinnen eine volle Weizenähre.

Liedvorschläge

Die im Kapitel »Gestalt der Feierabendgottesdienste« jeweils unter »Lied« genannten Abendlieder.

Thematisch ausgerichtetes Lied:
Gott Lob, der Sonntag kommt herbei (EG 162)
Laudato si (EG 515)
Die Ernt ist nun zu Ende (EG 505)
Der Bauer sät seinen Samen (Engelsberger, siehe Seite 144)
Ich möchte wie ein Brunnen sein (Engelsberger, siehe Seite 141f.)

Stille

Erste strukturierte Stille:
Du hast die Körner gespürt.
Aus diesen Kleinigkeiten wird Leben.
Diese Kleinigkeiten nähren dich.
Sie nähren – gerecht verteilt – alle Menschen auf unserer Erde.
Die Ernte ist – neben unserem Fleiß – Gottes Segen.
Die gerechte Verteilung liegt an uns.
Denke nicht an den Winter.
Schließe die Augen und gib mit Sommerhänden.

Zweite strukturierte Stille:
Ich finde Herzensruhe.
Ich will nicht, muss nicht, soll nicht ...
Noch ist nicht alles getan, was zu tun ist.
Und doch lege ich jetzt die Hände in den Schoß.
Ganz bewusst lege ich weg.
Morgen ist auch noch ein Tag.

Biblische Texte

Psalm 104 (Lob des Schöpfers)
Psalm 8 (Herr, unser Herrscher)
Psalm 1 (Wohl dem, der nicht wandelt)
1 Mose 1,1-2,4a (Erster Schöpfungsbericht)
Matthäus 6,5-34 (Sorget nicht)

Gebete

Eingangsgebet:
Feierabend.
Ein Geschenk.
Ich lege die Hände in den Schoß.
Du hast mich frei gestellt.
Meine Sorgen fallen in dein Netz,

meine Seele ruht in Abrahams Schoß
und mein Herz spürt den Sonntag.

Ausgangsgebet:
Du hast mich auf die Seite genommen.
Hast mir ins Ohr gesagt,
ans Herz gelegt:
Nun lass es gut sein.
Schön, dass mir das jemand sagt.
Gott,
ich lasse es gut sein.
Vieles ist offen.
Für heute
lege ich die Hände in den Schoß.
Hüte du das Offene,
birg du das Verletzliche.
Du hast mich auf die Seite genommen.
Du hast mich frei gestellt.

Thematischer Impuls

Es müssen nicht Kathedralen sein,
nicht die weiten Ufer der Ozeane
oder die stillen Hochtäler Nepals.

Manchmal genügt es,
für eine kurze Zeit den Weg zu verlassen
und zu schauen.

Es müssen nicht Kathedralen sein
oder die Kreuzgänge der Klöster.

Manchmal genügt es,
die Augen zu schließen,
die Hände ineinander zu legen
und tief zu atmen.

Meditation

Gott segnet und heiligt den siebten Tag.
Heiligen heißt, den üblichen Zeitabläufen, den üblichen Räumen entreißen,
aussondern, herausholen, tabuisieren.
Gott macht den siebten Tag zum Tabu.
Und Gott ruht selbst am siebten Tag.

Ich weiß nicht, ob das einzigartig ist im Konzert der Religionen. Es ist für mich jedenfalls immer wieder neu faszinierend, zu lesen: Nicht nur der Mensch soll die üblichen Abläufe an jedem siebten Tag unterbrechen, nicht nur die Tiere, sondern auch Gott ruht.

Der so begründete Sabbat – für die Juden beginnt mit dem Untergang der Sonne am Freitagabend der Sabbat –, der so begründete Sabbat ist im umfassenden Sinn heilig.
Denken Sie daran, dass nicht nur die Arbeit ruhen sollte, auch das Gesinde, die Fremden, die Sklaven, auch die Tiere in der Landwirtschaft, selbst die angebauten Felder sind in diese Ruhe einbezogen, – alle sieben Jahre.
Gott möchte einen siebentägigen, ganzheitlichen Heilungstag. Die jüdischen Frommen verbringen ihn mit Thorastudium, mit vollkommen heruntergefahrener Arbeit, mit Verzicht auf weite Wege, mit dem Lauschen und Besinnen auf Gott, mit Spiel und Feier in der Familie. Ein wöchentlicher »Feiertag«.

Das Tabu ist längst schon gefallen, ist längst auch unter Juden nicht mehr in dieser Form geachtet.

Nur frage ich mich: Wodurch ersetzen wir den von Gott an dieser Stelle gewollten »Freiraum«?
Haben wir dafür andere »Freiräume«?
Und haben sie dieselbe Wirkung?
Ich kann nur von mir reden und sagen, dass dieser unheilige Kreislauf nicht oder viel zu selten unterbrochen wird. Die Seele leidet

darunter, der Körper leidet darunter, meine Gottesbeziehung leidet darunter, die Familie kommt zu kurz.
Ich höre, dass andere nicht viel anders klagen, und frage mich, warum es z. B. orthodoxen Juden nun doch gelingt, diesen Freiraum zu bewahren?

Es ist ein eigenartiger, aber ganz verständlicher Gedanke, dass alles zur Ruhe kommen muss, damit Kraft und Energie entsteht für neues Leben. Selbst Gott kommt zur Ruhe. Selbst Gott legt die Schöpferhände in den Schoß und lässt es für heute gut sein. Geborgen in diesem Segen kann ich mich wirklich ausstrecken, kann Atem schöpfen. Nichts, was mich bedroht. Nichts, was etwas fordert. Nichts, was mir einen Gedanken, eine Sorge abverlangt.

Das ist unvorstellbar? Ist es nicht so, dass wir das Sorgen überhaupt nicht lassen können? Selbst das Denken können wir nicht lassen. Dies und das beschäftigt uns. Wir tragen uns durch die Tage, es begleitet uns durch schlaflose Nächte oder begegnet uns wieder in unseren Träumen. Als ob wir nie zur Ruhe kämen.

Aber kann einer, der nie zur Ruhe kommt, wirklich »Danke« sagen? Muss er nicht das »Danke« einschränken und sagen: Ja, für dies danke ich, aber das andere ist noch offen.
Für meine Gesundheit danke ich, aber meine Familie ist nicht so, wie sie sein sollte.
Ja, für die Familie danke ich, aber da ist so ein Stechen in der Magengegend, ein Druck im Herzen.
Ja, für die Ernte danke ich, aber kann ich weiter mit meinen vielen Schulden leben?
Ja, für meine Liebe danke ich, aber geht sie nicht auch einmal zu Ende?
Ja, für diesen Tag danke ich, aber was ist morgen, Gott?

Sind nicht alle unsere Sätze, in denen wir »Danke« sagen, nicht gleichzeitig doch »Ja, aber-Sätze«?

So verstehe ich das:
Es ist eine Zeit, in der kein »Aber« folgt nach dem »Ja«.

Es gibt drei Tage, von denen die Bibel erzählt, an denen es ein solches Aber nicht mehr gegeben hat oder gibt. Das ist der siebte Schöpfungstag, an dem selbst Gott ruht und alles gut ist. Das ist der Ostermorgen, an dem der Tod ausgelacht und besiegt ist, und es ist der Tag, an dem ein neuer Himmel und eine neue Erde ein vollkommen neues Buch unseres Lebens öffnen, in dem von Not und Tränen und Trennung und Angst nicht mehr, – nie mehr – die Rede sein wird.

Aus solcher Ruhe kommt unsere Lebenskraft.
Aus solcher Ruhe wird es uns schon heute leicht, wenn wir wenigstens ein wenig das Sorgen und Denken und Tun lassen können.

Es ist ein Segen, wenn das schon im Leben gelingt. Gott hat uns dafür den Sonntag geschenkt, den Tag, an dem wir uns an die Auferstehung Jesu und an die Güte der Schöpfung erinnern und unser Sorgen lassen können. Es ist der größte Dank, zu dem ein Mensch fähig ist im Angesicht seines Schöpfers, wenn er das Sorgen lässt und es gut sein lässt.

Bei uns zu Hause sagte man früher: »Mittwochs wird die Woche verteilt.« Ein eigenartiger Spruch. Etwas angestaubt vielleicht, aber er bringt eines noch zum Ausdruck: Man hatte zu früheren Zeiten noch ein anderes Gespür für Abläufe. Für eine Woche als Ganzes, für die Jahreszeiten, für das Kirchenjahr. Denken Sie an die alten Bauernregeln, die sich an den Heiligen bestimmter Tage orientierten. Denken Sie an die Schafskälte, an die Eisheiligen, an Ausdrücke wie »Martini am Letzten«. Da wird eine andere Einstellung zur Zeit, zur Woche und zum Jahr deutlich, als wenn ich einfach sage 5. Juli oder 3. März.

»Mittwochs wird die Woche verteilt.« Ein Besinnen nach der ersten Hälfte und vor der zweiten Hälfte. Man machte auch etwas ausführlicher Mittag. Heute noch läuten ja in vielen Gemeinden um elf Uhr oder um zwölf Uhr die Glocken.

Das alles sind Relikte aus einer Zeit, die nicht mehr die unsre ist. Heute gibt es Menschen, die arbeiten zehn Tage durch, dann sind fünf Tage frei, dann wieder zehn Tage Arbeit. Drei Schichten im Betrieb. Man kann sich nicht leisten, dass die Maschinen still stehen. Es gibt keinen gemeinsamen Rhythmus mehr. Viele Familien leiden darunter, auch viele Einzelne.

Es ist eine fast nostalgische Geschichte. Ich habe sie in einem alten Band des vor weit über hundert Jahren berühmten englischen Predigers Charles Haddon Spurgeon gefunden. Er erzählt:
In einer kleinen Kirche in den italienischen Bergen sah ich unter anderen absurden Bildern ein Gemälde, das mir auffiel. Da war ein Ackersmann, der zu einer gewissen Stunde seinen Pflug stehen ließ und zum Gebet ging. Der Künstler zeigt ihn, wie er auf seinen Knien liegt; damit ihm aber keine Zeit verloren gehe, war währenddessen ein Engel an den Pflug herangetreten und pflügte statt seiner weiter. Mir gefällt diese Idee, schreibt Spurgeon. Ich denke zwar nicht, dass ein Engel, während der Mann betete, seine Pflugarbeit fortsetzte; aber ich denke, dass oft doch dasselbe Resultat zustande kommt, und dass, wenn wir unsere Herzen Gott geben, Er uns unsre Arbeit umso leichter verrichten hilft.

Jenseits aller Nostalgie:
Ich glaube schon, es täte uns allen gut, öfter einmal einzuhalten und die freie Zeit dann nicht nur mit Aktivitäten zuzuschütten, sondern – Spurgeon sagt – unsere Herzen Gott zu geben. Ich sage: mich in den Rhythmus des Lebens, in den Rhythmus Gottes einfügen, um Kraft zu schöpfen aus der tiefsten Quelle, die uns speist.

Wort auf den Weg

Ruhen sollen Egge und Pflug, Ruder und Angel.
Niemand gehe ins Bergland, den Tieren nachzustellen,
niemand spitze den Pfeil wider seinen Nachbarn.

Man dresche kein Korn und miste den Stall nicht.
Die Mühlen sollen stillstehen
und die Räder der Karren.
Niemand entweihe den siebten Tag.
Niemand spinne Seide und Faden, niemand nähe und sticke.

Wer den Tag des Herrn achtet,
möge Lohn empfangen.
Ruhe möge er finden,
Freude und Zuversicht,
vom Untergang der Sonne bis zu ihrem Aufgang.[14]

Ohne Blick auf die Uhr

Raum

Der Kirchenraum ist so ausgestaltet, wie ihn die Gemeinde in der Regel kennt.
Besondere Stationen sind nicht vorgesehen.

Symbol

Uhr

Ankommen, Bleiben und Gehen gestalten

Am Eingang begrüßen Mitarbeiterinnen und Mitarbeiter die Gottesdienstbesucher und bitten sie, ihre Uhr abzulegen. Die Uhren werden in kleine Kartons gegeben und mit dem Namen versehen. Eine Mitarbeiterin oder ein Mitarbeiter bleibt während des ganzen Gottesdienstes bei den Uhren.
Am Ausgang erhalten die Besucher ihre Uhren wieder zurück, dazu eventuell ein kleines Blatt mit dem folgenden Text:

»Feierabend.

Ich klopfe
an die Tür des Weisen
am Abend.

14. Sonntagssegen aus Irland

Ich entschuldige mich für
die schmutzigen Schuhe.
Er hilft mir aus dem Mantel:
›Behalten Sie die Schuhe an.
Legen Sie Ihre Uhr ab.‹«
(Gerhard Engelsberger)

Liedvorschläge

Die im Kapitel »Gestalt der Feierabendgottesdienste« jeweils unter »Lied« genannten Abendlieder.

Thematisch ausgerichtetes Lied:
Meine Zeit steht in deinen Händen (P. Strauch, EG reg.)
Der du die Zeit in Händen hast (EG 64)
Danke, mein Gott (Engelsberger, siehe Seite 138)
Mein Gebet (Engelsberger, siehe Seite 134)
Am Ende des Regenbogens (Engelsberger, siehe Seite 136)

Stille

Erste strukturierte Stille:
Du hast deine Uhr weggelegt.
Du kannst nicht mehr auf die Uhr schauen.
Das soll dich nicht nervös machen.
Das soll dich einladen zur Stille.
Du hast äußerlich deine Uhr weggelegt.
Nun höre auch innerlich auf, zu messen.
Komm zur Ruhe. Zum Gebet. Zu Gott.

Zweite strukturierte Stille:
Die Uhr mag dir helfen, den Tag zu gestalten.
Die Aufgaben zu sortieren.
Den Menschen um dich gerecht zu werden.
Die Uhr kann dich auch daran hindern, den Tag zu gestalten.
Die Aufgaben zu sortieren.
Den Menschen um dich gerecht zu werden.

Mit Gott ins Gespräch zu kommen.
Das kannst du jetzt tun – mit Gott ins Gespräch zu kommen.
Ohne Blick auf die Uhr.

Biblische Texte

Psalm 31 (Meine Zeit steht in deinen Händen)
Prediger 3,1–15 (Alles hat seine Zeit)

Gebete

Eingangsgebet:
Ich habe die Uhr weggelegt, mein Gott.
In deine Hände mein Leben.
Aus deinen Händen meine Zeit.
Ohne Blick auf die Uhr
öffne ich meine Hände.
Du weißt, was fehlt.
Du hörst mein Gebet.

Ausgangsgebet:
Meine Zeit steht in deinen Händen.
Meine Zeit steht nicht im Kalender.
Meine Zeit erschließt sich nicht durch die Uhr.
Meine Zeit steht in deinen Händen.
Du weitest den Raum.
Du lässt mich teilhaben an deiner Fülle.
Du bist ewig, unbegreiflich, Gott.
Du bist nah, tröstlich, Jesus Christus.

Thematischer Impuls

Würde man die ganze Erdgeschichte – etwa 5 Milliarden Jahre – in einem Kalenderjahr darstellen, die Erde wäre also am 1. Januar um 0.00 Uhr entstanden, dann ergäbe sich folgender Kalender:
Zwischen dem 17. Februar und dem 14. November – es braucht dazu zehn Monate – entstehen auf der Erde Bakterien, Einzeller, Geheimnis des Lebens.

Erst weit im Spätherbst des Erdgeschichtejahres, zwischen dem 15. November und dem 11. Dezember finden sich erste Landpflanzen, Urfische, Amphibien und Insekten.
Zwischen dem 12. Dezember und dem 25. Dezember tauchen Reptilien auf. Der Dezember ist der Monat der Saurier, die das Jahresende allerdings nicht erleben.
Zwischen dem 26. und 31. Dezember siedeln sich Blütenpflanzen an. Insekten in ihrer Vielfalt, Fische, Vögel und Säugetiere bevölkern Wasser, Erde und Luft.
Am 31. Dezember um 23.59:50 Uhr – zehn Sekunden also vor Ende des Jahres – entsteht das Lebewesen, das wir homo sapiens nennen, »Mensch«.

Der Beter des Psalms 8 staunt:

Gott, ewigweise Macht, wie strahlt dein Name in aller Welt!
Auf die Himmel hast du deinen Glanz gelegt.
Kinderworte werden zu Mauern,
denen, die nach dem Leben trachten,
Säuglingsrufe zu Burgen allen, die Leben bedrohen.
Meinem Staunen fehlen die Worte:
Ich sehe die Weite der Himmel:
Die Sonne, der Mond, die Gestirne,
– alles dein Werk.
Wo ist mein Platz in dieser Weite?
Warum beugst du dich zu mir?
Was ist dein Sinn für des Menschen Leben?
Nah am Herzen Gottes leben wir, an seiner Fülle haben wir teil,
sein Glanz fällt auf uns, als seien wir Wesen der Himmel.
Deine Schöpfung ist uns anvertraut.
Den Weg hast du uns bereitet.
Macht hast du uns überlassen.
Schafe, Rinder, Tiere der Wildnis,
Vögel des Himmels, Fische des Meeres –
alles, was Erdenbahnen, Himmelswege und Wasserstraßen durchzieht,
ist anvertraut unserer schwachen Hand,

dem kleinen Kind,
dem hinfälligen Menschen.
Gott, ewigweise Macht, wie strahlt dein Name in aller Welt!

Meditation

Ein jegliches hat seine Zeit

Die Jahre gehen.
Die Zeit geht.
Erinnerung ist nichts Bleibendes, nichts Festes.
Ich besitze kein Haus,
in das ich mich einrichten könnte.
Die Zeit läuft davon.
Sie veraltet.
Sie jagt.
Die Zeit ist kein Zuhause.
Sie fragt mich nicht, ob ich bleiben möchte.
Sie vergeht.
Mit der Uhr in der Hand bleiben immer nur Abschiede.
Sie sind der Preis, den wir bezahlen für das Leben.

Wer die Fülle der Zeit erahnen will,
wer sein Leben verstehen will,
muss die Uhr weglegen,
darf nicht mehr messen.
Dann trägt Zeit so, wie das Meer trägt,
wenn ich mich nicht mehr wehre.
Mag sein,
ich vergesse mich in der Tiefe, in der Weite,
die alle Zeit umschließt.
Menschen nennen diese Tiefe und Weite »Ewigkeit«.

Die Menschen der Bibel vergessen die Stunden,
bis getan ist, was zu tun war:
Das Palaver, der Streit, die Liebe, die Versöhnung,
die Arbeit, das Gebet, Klage und Dank.

Wie leer können acht Stunden
und wie erfüllt können wenige Augenblicke sein.

Was ist ein Tag, nur abgehakt im Kalender.
Ich könnte tausend solcher Tage erleben
und hätte nichts erlebt, wäre leer,
wäre der unglücklichste Mensch,
wäre wie tot, wenn sie nicht gefüllt wären.

Das große Lied der Bibel über die Zeit
singt von all dem, was sie füllt,
und vergisst darüber die Frage »Wie lange?«

Alles hat seine Zeit,
geboren werden und sterben,
töten und heilen,
bauen und zerstören,
lieben und hassen,
behalten und verwerfen ...

Alles hat seine Zeit.
Das Maß setzt Gott.
Er rechnet nicht in Stunden.
Er spielt in Ewigkeiten
und vergisst keines seiner Instrumente,
und sei es noch so begrenzt.

Zeit ist keine Linie,
auf der ich bestimmte Abschnitte abhake,
– zu kurz oder zu lang –.
Zeit ist vor allem eines:
Meine, deine, gute, schlechte,
Gottes Zeit.

Gläubige,
insbesondere die Mystiker aller Zeiten und Religionen
raten nicht nur zur Entspannung.

Sie laden ein zur Stille,
um in dieser Stille Gott zu begegnen.

In der Wüste – in der Stille und Leere –
begegnen Mose und Elia,
Jesus und die ägyptischen Wüstenväter Gott.
Innen und Außen wird eins.
Gestern und Morgen verschmelzen im Augenblick jetzt.
Oben und Unten,
Hier oder Dort,
wo ist der Unterschied?
Alles ist eins.
Alles ist eins in Gott.
Es ist Zeit zu ruhen.
Lass diese Wahrheit wirken.
Der siebte Schöpfungstag ist der Höhepunkt der Schöpfung.
Die Schöpfung zielt auf den Sabbat,
auf die Ruhe, auf den Glanz Gottes,
der sich wie ein Tau über alles Leben legt.
Selbst Gott ruht an diesem Tag ... und lässt es gut sein.
In dieser Stille,
ohne Blick auf die Uhr
hören wir Klänge, die andere nicht hören.
Erleben wir Kräfte, die andere missen.
Wird uns zur Gewissheit,
dass weder die Menschen noch die Welt verloren sind.
Wir spüren die Liebe Gottes in jedem Atemzug,
in jeder Blüte, in jedem Loblied
und in jedem Schweigen.

Suche ich
einen Namen für die Quelle, die alles speist,
dann trägt sie –
bei aller menschlichen Unvollkommenheit und Vorläufigkeit –
den Namen Liebe.
Die Liebe steht am Anfang unseres Lebens,
wenn auch später vielleicht gebrochen und entfremdet.

Da war eine Ahnung davon,
dass ein Mensch sich nicht in sich selbst erschöpft.
Dass seine Gedanken, Träume, seine Hände,
sein Mut und seine Augen geschaffen sind
zum träumerischen Miteinander, zum spielerischen Entdecken,
zu gegenseitiger Stütze in schwerer Zeit.
Welche Tugenden
den Menschen und seine Zeit auch immer auszeichnen mögen,
die Liebe ist die größte.
Größer als der Glaube, umfassender als der Verstand.
Liebe sieht den anderen mit den Augen Gottes
und erträgt sich selbst mit großer Geduld.
Dabei weist uns der Glaube auf eines hin:
Es geht weniger um die Kunst, zu lieben.
Es geht eher um die Kunst, sich lieben zu lassen.
Die Bibel ist
von Anbeginn an bis zu den letzten Zeilen
ein Dokument des göttlichen Versuches,
trotz aller Widerstände, Eitelkeiten und Fassadenpflege
dem Menschen zu beteuern, dass er ein liebenswertes,
mehr: ein geliebtes Wesen ist.

Befreit vom Zwang, mich beweisen zu müssen,
weil über alles Vergangene und Kommende einer mich liebt,
kann ich aufrecht gehen,
Auge in Auge,
Hand in Hand,
Wunde an Wunde,
Tag für Tag.

Wort auf den Weg

Räder, Hufe und Tritte schweigen.
Die Axt ruht in der Kammer.
Feierabend.

Ich klopfe
an die Tür des Weisen
am Abend.
Ich entschuldige mich für
die schmutzigen Schuhe.
Er hilft mir aus dem Mantel:
»Behalten Sie die Schuhe an.
Legen Sie Ihre Uhr ab.«

Freuet euch der schönen Erde (Gottesdienst im Sommer)

Raum

Im Raum sind – je nach Möglichkeit – verschiedene Stationen vorbereitet:
- ein Obststand
- ein Gemüse–/Salatstand
- ein Blumenstand ...

Sollte in der Gemeinde jemand Mineralien sammeln, dann kann mit dem Gottesdienst dieses Gemeindeglied um eine kleine Ausstellung gebeten werden.

Sollte ein Gemeindeglied (z.B. Lehrerin/Lehrer) Zugang zu einem sehr guten (Elektronen–)Mikroskop haben, dann reicht es, wenn Sand durch das Mikroskop betrachtet wird.

Symbol

Kein Symbol

Ankommen, Bleiben und Gehen gestalten

Die Ankommenden werden nach der Begrüßung am Eingang eingeladen, schweigend einen kleinen Rundgang entlang der Stationen zu machen. Sie sind eingeladen, Eindrücke zu sammeln und zu staunen.

Liedvorschläge

Die im Kapitel »Gestalt der Feierabendgottesdienste« jeweils unter »Lied« genannten Abendlieder.

Thematisch ausgerichtetes Lied:
Freuet euch der schönen Erde (EG 510)
Laudato si, o mi signore (EG 515)
Weißt du, wie viel Sternlein stehen (EG 511)
Ein Lied für die Knospe am Zweig (Engelsberger, siehe Seite 137f.)
Der Bauer sät seinen Samen (Engelsberger, siehe Seite 144)

Stille

Erste strukturierte Stille:
Du kommst aus deinem Alltag
in den geschützten Raum der Kirche.
Du kommst nicht auf den Markt,
um zu kaufen.
Du kommst in die Kirche,
um Ruhe zu finden.
Heute bist du eingeladen, dich zu freuen.
Zu staunen über unsere wunderbare Erde,
auf der du lebst.

Zweite strukturierte Stille:
Du kennst die Bilder aus dem Weltraum:
der blaue Planet.
Unsere in der Sauerstoffhülle strahlende Erde,
unsere Heimat.
Du bist eingeladen, die Augen zu schließen.

Stell dir diesen kostbaren Lebensraum,
diesen kleinen blauen Planeten,
stell dir diese schutzbedürftige Kugel vor.
Birg den blauen Planeten in deinen Händen.

Biblische Texte

1 Mose 1,1-2,4b (Erster Schöpfungsbericht)
Psalm 8 (Herr, unser Herrscher)
Psalm 104 (Schöpfungspsalm)
Psalm 148 (Gottes Lob im Himmel und auf Erden)

Gebete

Eingangsgebet:
Das Leben ist wunderbar, Gott.
Ich bringe mein Staunen mit in diesen Gottesdienst,
meine Freude am Leben
und meine Sorge um die Schöpfung.
Heute Abend will ich das Sorgen lassen,
will hören und riechen und schweigen.
Das Leben ist wunderbar, Gott.
Und ich bin ein Teil des Wunders.

Ausgangsgebet:
Ich staune.
Ich staune zu selten.
Ich staune zu selten wirklich und echt.
Zu vieles verbaut mir den staunenden Blick,
das staunende Ohr, das staunende Ertasten der Wunder.
Räume meine Sinne frei, Gott, unser Schöpfer.
Befreie meine Dankbarkeit aus ihrer Gefangenschaft.
Lass mich wie ein Kind
in die Hände klatschen vor Freude.

Thematischer Impuls

Wahrhaft ethisch ist der Mensch nur, wenn er der Nötigung gehorcht, allem Leben, dem er beistehen kann, zu helfen, und sich scheut, irgendetwas Lebendigem Schaden zu tun. Er fragt nicht, inwiefern dieses oder jenes Leben als wertvoll Anteilnahme verdient, und auch nicht, ob und inwieweit es noch empfindungsfähig ist. Das Leben als solches ist ihm heilig. Er reißt kein Blatt vom Baume ab, bricht keine Blume und hat Acht, dass er kein Insekt zertritt. Wenn er im Sommer nachts bei der Lampe arbeitet, hält er lieber das Fenster geschlossen und atmet dumpfe Luft, als dass er Insekt um Insekt mit versengten Flügeln auf seinen Tisch fallen sieht.
Geht er nach dem Regen auf der Straße und erblickt den Regenwurm, der sich verirrt hat, so bedenkt er, dass er in der Sonne vertrocknen muss, wenn er nicht rechtzeitig auf die Erde kommt, in der er sich verkriechen kann, und befördert ihn von dem todbringenden ... (Weg) hinunter ins Gras. Kommt er an einem Insekt vorbei, das in einen Tümpel gefallen ist, so nimmt er sich die Zeit, ihm ein Blatt oder einen Halm zur Rettung hinzuhalten.
Er fürchtet sich nicht, als sentimental belächelt zu werden. Es ist das Schicksal jeder Wahrheit, vor ihrer Anerkennung ein Gegenstand des Lächelns zu sein.[15]

Oder:

Eine alte Legende besagt,
dass Gott bei der Erschaffung der Welt
von vier Engeln angesprochen wurde.
Der erste fragte: »Wie machst du das?«
Der zweite: »Warum machst du es?«
Der dritte: »Kann ich helfen?«
Der vierte: »Was ist es wert?«
Der erste war Wissenschaftler;
der zweite Philosoph;

15. A. Schweitzer, Kultur und Ethik, München 1981, S. 331f.

der dritte Altruist;
der vierte Immobilienhändler.
Ein fünfter Engel sah voller Staunen zu
und klatschte aus reinem Entzücken Beifall.
Das war der Mystiker.
(Ich behaupte, der Mystiker war ein Kind. G. E.)

Oder:

Sonnengesang des Franziskus von Assisi

Meditation

Und Gott sah an alles, was er gemacht hatte, und siehe, es war sehr gut.

Und wenn alles gut war – und wenn heute nicht alles gut ist,
dann eben will ich heute Abend nicht wieder die Finger auf Wunden legen.
Wunden haben wir zur Genüge.
Verwundete Erde, angeschlagener Kosmos
– jedenfalls in den Teilen, die wir überblicken –,
angeschlagene Menschen, wunde Seelen, Menschen in Trauer,
kranke Wälder, versengte Kontinente, verstrahlte Wolken.
Das kennen wir zur Genüge, und wir arbeiten an der Verbesserung,
die einen im Beruf, die anderen in der Familie,
die Dritten über den Nachbarzaun, die Vierten in der Kirche,
die Fünften vielleicht bei Greenpeace oder bei der Agenda 21.

Und Gott sah an alles, was er gemacht hatte, und siehe, es war sehr gut.

Ich staune über den Klang der Pulsare,
die uns aus fernsten Galaxien erreichen,
und bin dankbar, dass in den Wüsten Mexikos
und in den Bergen Spaniens
große Antennen solche Signale empfangen können.

Ich staune über die Ordnung der Atome und Moleküle
im Kleinsten des Geschaffenen,
über ihre Harmonie,
über ihre milliardenfach gleiche, faszinierende Bewegung
wie über die schöpferischen Zufälligkeiten.

Ich staune über den Einfallsreichtum der Vögel,
wie sie Nester bauen an geschützten Stellen,
wie sie ihre Kinder schützen,
wie sie einander treu sind und bleiben,
und wie sie wissen, wohin ihre Reise geht.

Ich staune über die Spuren des Windes am Meeresstrand
und die Spuren, Berge und Höhen auf unseren Nachbarplaneten.

Ich staune über die täglich neuen Siege der Liebe
unter den Menschen,
über unbezahlte Hilfen, über Teilhabe und Mittrauer,
über das Gute, das im Verborgenen geschieht.

Ich staune über die Ordnung der Wolken,
ihr freies Spiel, ihr mächtiges Wachsen und leichtes Verwehen,
über bizarre Formen und den erfrischenden Wind.

Ich staune über die Bilder ferner Galaxien,
über die Geschichte gestorbener Milchstraßen,
die wie leichte Wolken für unser Auge ungeheuer langsam
und doch in einer unvorstellbaren Geschwindigkeit
auseinander wehen
zu neuen Aufgaben der entlassenen Materie im Kosmos.

Ich staune über das rechte Maß zwischen Sonne und Erde,
zwischen Erde und Mond.
Es ermöglicht uns, nicht zu erfrieren und nicht zu verbrennen.
Es schenkt uns Leben und wacht mit seinem Ausgleich
über Saat und Ernte,
über die Jahreszeiten, über Arbeit und Schlaf.

Ich staune über die Vielfalt der Blüten in unseren Gärten,
über Margerite und Gänseblümchen in ihrer unschuldigen Neugier.
Über den betörenden Duft der Rose,
über den frischen, kühlenden Geruch des Lavendel,
über die herben, kräftig duftenden Blätter des Salbei,
über den unscheinbaren und doch widerstandsfähigen Majoran,
über die Wucht der Sonnenblume,
über die Klugheit und Leichtigkeit eines Löwenzahnsamens.

Ich staune über die Fülle der Ernten aus wenigen Körnern,
über die Vielfalt der Früchte in ihrer Süße und Farbenpracht,
über die Vielzahl der Gemüse und die wohlschmeckenden Salate,
über die Säfte und den Wein,
über Wasser und Brot.

Ich staune, dass ich staunen kann.
Dass nichts mir selbstverständlich ist.
Dass ich noch nicht verlernt habe, täglich neu ein Loblied zu singen
dem Schöpfer und dem Geschaffenen,
dem Kleinsten und dem Größten.

Ich staune über meine Ohren, die mir Klänge schenken,
die mich aufrichten, erheitern, bereichern.
Offen für zärtliche Worte, für die Gewalt eines Donners,
für die Schwere einer Symphonie
und die Leichtigkeit eines Rotkehlchenrufs.

Ich staune über meine Hände, die mich gestalten lassen,
formen, schreiben, streicheln, deuten,
glätten, schützen, bergen, fühlen und lieben.

Ich staune, dass ich sein darf mitten in dieser Wunderwelt.
Staune, dass es mir geschenkt ist, nun seit Jahrzehnten
Zeuge zu sein einer überwältigenden Großartigkeit,
eines steten Wunders in immer neuen Formen.
Meine Augen sind Organe, mit denen ich teilhabe
an einem Kaleidoskop der Farben –
Tag um Tag, Blick für Blick.

Ich staune, dass es der Mensch ist,
dem in der Kürze seines Lebens all diese Fülle geschenkt ist.
Sein Leben ist kürzer als das Leben eines Felsens,
ist gebundener als das Leben einer Wolke,
ist vergänglicher als das Leben eines Waldes,
ist vielfältiger als das Leben eines Käfers,
ist stetiger als das Leben eines Tropfens.
Sein Leben ist ein Geschenk mitten unter Geschenken.
Ich staune, dass ich sein darf, und sinne nach, was ich sein soll.

Und Gott sah an alles, was er gemacht hatte, und siehe, es war sehr gut.

Wort auf den Weg

Mein Leben ist Leben,
das leben will
inmitten von Leben,
das leben will.
Gut ist: Leben erhalten, Leben fördern,
entwicklungsfähiges Leben auf seinen höchsten Wert bringen.
Böse ist: Leben vernichten,
Leben beeinträchtigen, entwicklungsfähiges Leben hemmen.
(Albert Schweitzer)

Du bist ein Teil des Wunders Leben.
In deinem Staunen,
in deiner Freude
kommt Gott zur Erde.

Du bist eine Ikone Gottes.
Lass dir die Schönheit nicht nehmen.

Am Beispiel der Standuhr

Raum

Im Altarraum der Kirche ist eine Standuhr aufgestellt. (Wenn in der Gemeinde niemand eine Standuhr besitzt, kann man in einem Schmuck- und Uhrengeschäft nachfragen, ob die Kirchengemeinde eine Standuhr ausgeliehen bekommt. In der Regel werden wenige freundliche Dankesworte am Ausgang als »Gegenleistung« reichen.)

Wort und Symbol

Standuhr

Ankommen, Bleiben und Gehen gestalten

Keine Besonderheit

Liedvorschläge

Die im Kapitel »Gestalt der Feierabendgottesdienste« jeweils unter »Lied« genannten Abendlieder.

Thematisch ausgerichtetes Lied:
Alles ist an Gottes Segen (EG 352)
Der du die Zeit in Händen hast (EG 64)
Meine Zeit steht in deinen Händen (P. Strauch, EG reg.)
Diesen Anfang, Herr, segne du (Engelsberger, siehe Seite 135)

Stille

Erste strukturierte Stille:
Der Blick auf die Uhr macht zuerst unruhig.
Er erinnert dich an das, was versäumt wurde,
was noch zu tun ist.
Der erste Blick auf die Uhr ist meist
ein besorgter Blick.
Doch nun bist du hier in der Kirche.

Die ersten Gedanken sind gedacht,
das erste Lied ist gesungen.
Nun versuche in der Stille
dem Takt der Uhr nachzuspüren.
Jede Sekunde ein Pendelausschlag.
Ruhig, gelassen.
Die Standuhr hat Zeit.
Du auch.

Zweite strukturierte Stille:
Der lange Blick auf die Standuhr beruhigt.
Wir haben uns einladen lassen zum ruhigen Pendelschlag.
Zum Nachdenken über unsere Zeit.
Nun nimm dir nichts Neues vor, was du erledigen willst.
Lege noch einmal die Hände in den Schoß
und danke Gott.
Du sollst nicht sorgen, meint Jesus.
Du sollst nicht sorgen für den morgigen Tag.
Heute Abend nicht.
Lege noch einmal die Hände in den Schoß
und danke Gott.
Auf deine Weise.

Biblische Texte

Psalm 90 (Herr, du bist unsre Zuflucht für und für)
Matthäus 6,19-34 (Nicht sorgen)
Lukas 13,6-9 (Gleichnis vom Feigenbaum)

Gebete

Eingangsgebet:
Du hast dir Zeit genommen.
Du hast Zeit gefunden.
Dir ist Zeit geschenkt.
Aus der Fülle der Zeit
ist dir jetzt Zeit geschenkt.

Vor der Ruhe der Nacht kannst du hier
Ruhe finden bei Gott.
Nun atme tief aus.

Ausgangsgebet:
Nicht zu zählen, die Sekunden des Lebens.
Nicht zu verstehen, die Fülle der Zeit.
Mein Leben,
das, was war,
das, was ist,
das, was noch wird,
mein Leben, Gott.
In deiner Liebe bin ich geborgen.
Du bist von Ewigkeit zu Ewigkeit.

Thematischer Impuls

Aufregung herrschte unter den Tieren.
Unrecht war ihnen geschehen. Jahrelang. Jahrhundertelang.
Sie, die lange vor den Menschen die Erde bewohnt hatten, die das ältere Recht hatten und den schonenderen Umgang mit der Erde, sie waren vom Menschen an den Rand gedrängt worden.
Und noch immer hatte das Stehlen kein Ende.
Das Rind sagte: »Sie nehmen mir meine Kinder weg.«
Der Elefant klagte: »Sie brechen mir die Zähne.«
Die Seehunde sagten: »Sie rauben mir mein Fell.«
Die Hühner: »Sie stehlen meine Eier.«
Die Kuh: »Sie sind scharf auf meine Milch.«
Ruhig und gelassen saß die Schnecke in der Ecke.
Sie hatte gut zugehört.
Am Ende meldete auch sie sich zu Wort.
»Ich habe etwas, das hätten sie gerne. Aber sie können es mir nicht nehmen.«
»Dein Haus«, sagte der Rabe.
»Nein, meine Zeit«, sagte die Schnecke.

Meditation

Die Standuhr ist eine ganz besondere Uhr.
Sie ist der Bass unter den Uhren.
Wegen der Ruhe, der Behaglichkeit,
wegen des tiefen Schlages.

Und jetzt steht sie da.
Jede Sekunde macht das Pendel eine Schwingung.
Das beruhigt die Nerven, man kann sich hineingeben in dieses sanfte, schwere Schwingen.
An Abenden, wenn es draußen ruhiger geworden ist,
füllt ihr gleichmäßiges Ticken das Wohnzimmer.
Jede Sekunde ein Pendelschlag.
Jede Sekunde ein Ticken.

Wir rechnen unser Leben ja nicht in Sekunden.
Wir rechnen in Jahren.
Siebzig Jahre, achtzig Jahre.
Nur in besonderen Fällen, bei Schwerkranken oder Sterbenden
rechnen wir in Wochen und Tagen.
Kinder denken noch anders.
Noch fünf Minuten aufbleiben, nur noch fünf Minuten.
Sie sind entscheidend.

Unsere Standuhr ist ungefähr hundert Jahre alt.
Das ist eigentlich noch gar kein Alter für eine Uhr.
Bei Menschen sagt man schon mit siebzig, das sei ein schönes Alter.

Was schätzen Sie, so auf die Schnelle:
Wie viele Sekunden sind das, siebzig Jahre?
Wie viele Sekunden umfasst ein siebzigjähriges Leben?

Ich habe gerechnet: Es sind genau zwei Milliarden, zweihundertsieben Millionen, fünfhundertzwanzigtausend Sekunden.
Stark zwei Milliarden. In Euro und Cent ist das unvorstellbar viel.
Aber bezogen auf unser Leben?
Ich hatte mir die Zahl eigentlich viel höher vorgestellt.
Billionen oder Trillionen.

Das Leben muss doch etwas Gewaltiges, Unendliches sein.
Dabei sind es nur etwas mehr als zwei Milliarden.
Eigentlich eine sehr kleine Zahl.
Ein Fünfzigjähriger hat schon ungefähr eineinhalb Milliarden Sekunden gelebt.

Millionenfach dieser Schlag der Uhr, das Schwingen des Pendels.
Und doch kommt in unserem Leben nichts wieder.
Keine Sekunde.
Jeder Augenblick ist es wert, dass man ihn würdigt.
Es lohnt sich, einmal über die Lebenszeit nachzudenken,
gleich wo im Augenblick der Zeiger Ihrer Lebensuhr steht.

Fragen Sie doch einmal die anderen, zu Hause, bei der Arbeit, am Wochenende,
fragen Sie nach den siebzig Jahren und wie viel Sekunden das sind.
Es lohnt sich, über die Frage nachzudenken, wie ich mit meiner Zeit umgehe.
Wie ich mit den ungefähr zwei Milliarden Sekunden umgehe.

Da zählt alles: Die 35 Sekunden an der Ampel.
Die fast 30.000 Sekunden heute im Betrieb.
Die 25.000 Sekunden Schlaf heute Nacht.
Die zwei Sekunden, die es braucht, um »Ich hab' dich lieb« zu sagen.

Es gibt ja auch Situationen, in denen uns Minuten und Sekunden ganz wichtig sind.
Diese fünf Minuten, die ich morgens dem Aufstehen noch abtrotze,
obwohl der Wecker laut und deutlich genug war.
Intensive Zeiten der Liebe.
Eine kurze Begegnung, die aber bleibt und prägt.
Es gibt neben den vielen, fast belanglos verrinnenden Sekunden auch Augenblicke, die bleiben. Entscheidende Sekunden.

Es kommt nicht darauf an, immer wieder auf die Uhr zu schauen.
Die Frage: Wie viel Zeit hab' ich noch? bringt das Herz zum Jagen,
gefährdet den Augenblick.

Ich suche eher dieses ruhige Schwingen des Pendels,
dieses Ja sagen zum Augenblick,
die Gelassenheit des Christen,
der sich hineinbegibt in Stunde und Tag,
weil alles Gottes Zeit ist.

Vielleicht haben Sie schon einmal in alten Briefen,
Handschriften oder Büchern die drei Buchstaben s.c.j. gefunden.
s – c – j.
Das ist die Abkürzung für sub conditione jacobi,
unter der Bedingung des Jakobus.
Gemeint damit ist eine Stelle im Jakobusbrief.
Dort heißt es im 4. Kapitel: So Gott will und wir leben.

So Gott will und wir leben, werden wir euch im nächsten Jahr besuchen.
So Gott will und wir leben, feiern wir in zwei Jahren Goldene Hochzeit.
Das schrieben die Alten oft genug unter ihre Briefe,
die auf langen Wegen die Heimat erreichten.
Selbst im Krieg stand noch auf mancher Karte: scj.
Unter der Bedingung des Jakobus.
So Gott will, und wir leben.

Ein ernster Gedanke.
Wenn mir dieser Gedanke nicht mehr wehtut,
bin ich einen entscheidenden Schritt weiter in meinem Glauben,
kann mich tragen lassen vom Uhrwerk,
Sekunde um Sekunde,
kann den Augenblick genießen
ohne die Angst, ihn zu verlieren.

Wort auf den Weg

Sei geduldig mit deiner Zeit.
Sei geduldig mit deinen Gaben.
Sei geduldig mit deinen Grenzen.
Sei geduldig mit dir und du wirst geduldig mit den anderen.

Meine Seele ist stille zu Gott, der mir hilft

Raum

Der Kirchenraum ist so ausgestaltet, wie ihn die Gemeinde in der Regel kennt.
Besondere Stationen sind nicht vorgesehen.

Symbol

Kein Symbol

Ankommen, Bleiben und Gehen gestalten

Keine Besonderheit

Liedvorschläge

Die im Kapitel »Gestalt der Feierabendgottesdienste« jeweils unter »Lied« genannten Abendlieder.

Thematisch ausgerichtete Lieder:
Von guten Mächten (EG 65)
Gib dich zufrieden und sei stille (EG 371)
Dona nobis pacem (Taizé)
Danke, mein Gott (Engelsberger, siehe Seite 138)
Mein Gebet (Engelsberger, siehe Seite 134)
Am Ende des Regenbogens (Engelsberger, siehe Seite 136)

Stille

Erste strukturierte Stille:
Meine Seele ist stille zu Gott, der mir hilft.
Du bist in die Kirche gekommen.
Es ist Feierabend.
Du suchst die Stille,
Ruhe für Körper und Seele.
Deine Seele kann stille sein zu Gott.

Schließe die Augen.
Öffne deine Hände.
Öffne dein Herz.
Gott hilft.

Zweite strukturierte Stille:
Meine Seele ist stille zu Gott, der dir hilft.
Du bist nicht alleine.
Da sind die anderen neben dir.
Da sind Engel an deiner Seite.
Da ist Güte und Liebe,
tragfähige Freundschaft und berechtigtes Vertrauen.
Da ist Gott.
Richte in der Stille deinen inneren Blick
auf all das in deinem Leben,
was gut ist, was dich trägt.

Biblische Texte

Psalm 31 (Meine Zeit steht in deinen Händen)
Psalm 62 (Stille zu Gott)
Jesaja 53,1–6 (Gottesknecht)

Gebete

Eingangsgebet:
Mein Gott,
wonach messe ich,
ob ein Tag, eine Woche gut war?
Du warst an meiner Seite.
Manchmal fremd,
manchmal spürbar,
manchmal schmerzlich unsichtbar.
Dir wende ich mich zu.
Dir sage ich Dank.
Dir klage ich mein Leid.
Dich bitte ich um Hilfe.

Ausgangsgebet:
Du bist die Mitte, Gott.
Aus dieser Mitte schöpfe ich Kraft.
Gehe aufrecht in die Nacht und in den neuen Tag.
Aus der Stille höre ich deinen Ruf.
In der Ruhe fühle ich deinen Segen.
In der Gemeinde weiß ich mich zu Hause.
Ich weiß, da gibt es schwierige Wege.
Doch du bist mein Fels.
Du bist mein Halt.
Du lässt mich nicht fallen.

Thematischer Impuls

Der Gouverneur unterbrach eine Reise, um dem Meister seine Ehrerbietung zu erweisen.
»Staatsgeschäfte lassen mir keine Zeit für lange gelehrte Abhandlungen«, sagte er. »Könntet Ihr das Wesentliche der Religion für einen aktiven Menschen wie mich in einem oder zwei Absätzen zusammenfassen?«
»Ich werde es mit einem einzigen Wort zum Nutzen Eurer Hoheit ausdrücken.«
»Unglaublich! Wie lautet dieses außergewöhnliche Wort?«
»Stille.«[16]

Meditation

(Die Meditation setzt voraus, dass Psalm 62 gelesen ist.)

Meine Seele ist stille zu Gott, der mir hilft

Ein Eingekreister sucht einen Fluchtweg.
Ein Gejagter sucht ein Versteck.
Ein Gepeinigter sucht Schonung.

16. Anthony de Mello, Eine Minute Weisheit, HERDER spektrum 5663, S. 11. Aus dem Englischen von Ursula Schottelius. © Verlag Herder, Freiburg im Breisgau, 2005

Ein Bedrohter sucht Schutz.
Meine Seele ist stille zu Gott, der mir hilft.

Ich habe auf Prognosen vertraut.
Ich habe mich auf Zeugnisse verlassen.
Ich habe auf eine Freundschaft gesetzt.
Ich habe den Versprechungen geglaubt.

Nur Hauch sind die Menschensöhne, Lüge die Herrensöhne.
Auf der Waagschale schnellen sie empor, sie sind allesamt leichter als ein Hauch.
Ihr Wort ist ohne Gewicht. Ihr Schwur ist käuflich. Ihre Worte sind hohl.

Wenn Zeit lebenswichtig wird, ist auf Uhren kein Verlass.
Wenn der Zug den Bahnhof verlassen hat, nützt die teuerste Fahrkarte nichts mehr.
Ist eine Liebe gestorben, sind Fotoalben eher ärgerlich als hilfreich.

Wem also, fragt der Beter des Psalms, kann ich überhaupt noch trauen?

Ich kann dieses subjektive Gefühl verstehen,
auch wenn ich es so noch nie erlebt habe.
Ich hatte immer Menschen um mich,
die mein Vertrauen rechtfertigten.
Ich bin noch nie in den Gängen eines Arbeitsamtes
angestanden um Arbeit.
Ich war noch nie angewiesen auf Sozialhilfe.
Selbst als es mir miserabel ging, hatte ich Freunde.
Vielleicht damals sogar die besten.
Vielleicht auch deshalb, weil ich so angewiesen war.

Ich kenne solche Geschichten allerdings aus vielen Schilderungen von Betroffenen.
Glaube, Erinnerung, Liebe, Freunde, Nachbarn, Moral, Selbstwert, Gebote, – da war nichts mehr, was auf der Waage dem »zu viel« auf der anderen Seite standhielt.

Zu oft geflohen. Zu oft versagt. Zu oft gedemütigt.
Zu oft betrogen. Zu oft gescheitert. Das war einfach »zu viel«.
Alles, was andere in die Waagschale werfen konnten, erwies sich als zu leicht, schnellte in die Höhe, war vertan wie ein »nichts«.

Mich fasziniert, dass beim Propheten Jesaja Gott eben einen »Nichts« in die Waagschale wirft.

»Er schoss auf vor ihm wie ein Reis und wie eine Wurzel aus dürrem Erdreich. Er hatte keine Gestalt und Hoheit. Wir sahen ihn, aber da war keine Gestalt, die uns gefallen hätte.
Er war der Allerverachtetste und Unwerteste, voller Schmerzen und Krankheit. Er war so verachtet, dass man das Angesicht vor ihm verbarg; darum haben wir ihn für nichts geachtet.
Fürwahr, er trug unsre Krankheit und lud auf sich unsre Schmerzen. Wir aber hielten ihn für den, der geplagt und von Gott geschlagen und gemartert wäre.
Aber er ist um unsrer Missetat willen verwundet und um unsrer Sünde willen zerschlagen. Die Strafe liegt auf ihm, auf dass wir Frieden hätten, und durch seine Wunden sind wir geheilt.
Wir gingen alle in die Irre wie Schafe, ein jeder sah auf seinen Weg. Aber der HERR warf unser aller Sünde auf ihn.«
(Jesaja 53,1-6)

Wir haben ihn für nichts geachtet.
Gott hat ihn hoch geachtet.
Er hat »nichts« in die Waagschale geworfen,
und damit alles aufgewogen.
Mag einer verstehen.
Geheimnis des Glaubens.

Ich teile mit dem Beter des Psalms das Vertrauen in Gott.
Ich teile mit dem Beter des Psalms nicht das Misstrauen in Menschensöhne und Herrenkinder.
Ich habe zu viele erlebt, die mir Gutes getan haben, als dass ich mit lauter Stimme in den Abgesang des Menschen einstimmen wollte.

Wer, so frage ich, hat dem Beter von Gottes Güte erzählt, wenn nicht Mutter, Vater, Freunde, – Menschen eben?
Wen und was hat der Beter vor Augen, wenn er Gott sein Heil, seine Ehre, seinen Fels und seine Zuversicht nennt, wenn nicht das, was er an Gutem zeitlebens erlebt hat unter Menschen? Und sei es, dass sie nur die Sehnsucht in sein Herz gemalt und das Vertrauen in die Macht Gottes überzeugend eingeprägt haben.

Gott wird Mensch.
Gott zeigt sich dem Menschen im Bild des Menschen.
Gott erscheint nicht als Drache, als Dämon, als Löwe, als Erdbeben.
Gott wird dem Menschen ein Mensch.

Nein, ich sehe das anders als der Beter des Psalms.
Die Menschensöhne sind nicht nichts.
Die Herrenkinder sind nicht wie ein Hauch.

Ich sehe es eher so: der Mensch ohne den Mitmenschen ist ein Nichts.
Der Ohnemensch ist ein Hauch.
Geschaffen als Mensch mit Augen, die einen anderen Menschen sehen und lieben, mit Händen, die einen anderen Menschen greifen und streicheln, mit einer Stimme, die einem anderen Menschen danken und gut zureden wollen, – geschaffen als Mensch unter Menschen braucht der Mensch »nicht nur Gott«.
Er braucht den, der ihm erzählt, der den Samen legt, der die Hoffnung nährt und er braucht auch den Menschen, der ihn begräbt und der sich an ihn in Liebe erinnert.

Ich löse Gott nicht auf in den Menschen.
Ich kündige Gott nicht.
Ich will nur das Maß zurechtrücken.
Hier, das ist das Maß eines maßlos Enttäuschten.
Eines hoffnungslos Gekränkten.

Es bleibt die Einsicht: Die Ruhe, die wir uns geben können, ist Ruhe auf Zeit.
Die Ruhe, der Schutz, die Obhut der Eltern für ihr Kind, ist Ruhe, Schutz und Obhut auf Zeit.

Die Liebe, die ein Mensch seinem liebsten Menschen schenken kann, ist Liebe auf Zeit.
Ruhe wird gestört, Liebe krankt, Vertrauen wird verletzt. Menschen scheitern.
Aber sie scheitern als Wesen, denen Gott größte Gaben gegeben hat und gibt.

Der Beter des Psalms dichtet einen wunderbaren Refrain,
der beim Singen des Psalms wiederholt wird.
Er heißt:

Meine Seele ist stille zu Gott, der mir hilft.
Denn er ist mein Fels, meine Hilfe, mein Schutz,
dass ich gewiss nicht fallen werde.

Das ist nicht Ruhe auf Zeit.
Das ist nicht Liebe, die kranken könnte.
Das ist nicht eine Mauer, die zerfällt,
oder eine Wand, die sich mehr und mehr neigt.

Meine Seele ist stille zu Gott, der mir hilft.
Denn er ist mein Fels, meine Hilfe, mein Schutz,
dass ich gewiss nicht fallen werde.

»Am Ende« –, ja, am Ende sind wir uns sehr eins.
Der Dichter des Psalms und der, der ihn hier liest.

Das, was ich mit Stille, mit »gültiger Ruhe«, mit »Bleiben« oder »Dauer« meine, ist Gott. Ist göttlich.
Ist wohl in dir und mir, im Stein und im Fluss.
Ist aber in mir und dir, im Strom oder im Fels – nur auf Zeit, in Grenzen.

Nach einer beliebten Legende erging sich Augustinus gedankenverloren am Meer. Er dachte über eine der ihn am meisten beschäftigenden Fragen nach, über das Geheimnis der Dreieinigkeit Gottes. Dabei beobachtete er ein Kind, das mit einem Eimer Wasser aus dem Meer schöpfte und damit einen kleinen Teich zu bauen versuchte. »Was machst du da?« »Ich möchte das Meer in meinen Teich schöpfen.«

Augustinus lachte und meinte: »Das wird dir nie gelingen.« Das Kind antwortete: »Du machst es ja auch nicht anders. Du willst mit deinem kleinen Verstand das Geheimnis des dreieinigen Gottes verstehen.«

Was bleibt am Ende aller Grübelei, aller Enttäuschung, am Ende aller vorläufigen Antworten, auch aller vertanen Wege, am Ende alles »Menschenmöglichen«?
Ich sehe es so, dass am Ende, wenn nicht der Tod, der Ziehvater des »Nichts« siegen soll, – dass am Ende uns Menschen nur Anbetung bleibt, Staunen, Doxologie.
In dieser Doxologie finde ich jetzt schon die Ruhe, die mich sicher auftreten lässt für den nächsten Schritt.

Ich kann bekennen: Meine Seele ist stille zu Gott, der mir hilft.
Aus diesem Vertrauen will ich leben und Menschen suchen, die es mit mir teilen.
Und ich bin sicher, ich bleibe bei meiner Suche nicht allein.

Im Übrigen: Mich erinnert die Legende über Augustinus an eine Konfirmandenstunde. Wir haben versucht, das Meer in einen kleinen Teich zu schöpfen. Wir brachten das gemeinsam auf die Formel: »Gott ist alles und nichts, und noch viel mehr.«
Alles – und nichts – und noch viel mehr.

Meine Seele ist stille zu dem, der alles ist und nichts, – und noch viel mehr: Er hilft mir.
Er legt ein Nichts in die Waagschale für mich.
Und ich bin erlöst.

Wort auf den Weg

Meine Seele ist stille zu Gott.
Ruhig mein Herz,
gestillt mein Hunger,
in seinem Segen zu Hause.

Wenn unser Leben gelingt,
reihen wir uns ein
wie die Zugvögel im Herbst
Richtung Wärme.
Folgen Wegen,
die ein Geheimnis bleiben
und dennoch ans Ziel führen.

Stille heilt

Raum

Der Kirchenraum ist so ausgestaltet, wie ihn die Gemeinde in der Regel kennt.
Besondere Stationen sind nicht vorgesehen.

Symbol

Kein Symbol

Ankommen, Bleiben und Gehen gestalten

Keine Besonderheit

Liedvorschläge

Die im Kapitel »Gestalt der Feierabendgottesdienste« jeweils unter »Lied« genannten Abendlieder.

Thematisch ausgerichtete Lieder:
Gib dich zufrieden und sei stille (EG 371)
Dona nobis pacem (Taizé)
Bei Gott bin ich geborgen – Mon ame se repose (Taizé)
Danke, mein Gott (Engelsberger, siehe Seite 138)

Im Weihnachtskreis:
Stille Nacht (EG 46)
Macht hoch die Tür (EG 1, bes. Strophe 5)

Stille

Erste strukturierte Stille:
Schwer fällt es,
am Ende eines Tages,
am Ende einer Woche
die Hände in den Schoß zu legen.
Dazu sind wir jetzt hier.
Die Hände in den Schoß legen.
Ausatmen.
Ruhe finden.
Loslassen.
Gott einen Raum geben.
Hier in der Kirche.
In dir.

Zweite strukturierte Stille:
Es gibt eine faszinierende und heilsame Übung zur Meditation.
Es ist eigentlich die einfachste Übung:
Mehrmals am Tag das halbe Tempo.
Den Apfel schälen –
im halben Tempo wird das zur Meditation.
Den Apfel essen –
im halben Tempo wird das Essen zum Dankgebet.
Mehrmals am Tag das halbe Tempo.

Nun lass dir Zeit.
Bete im halben Tempo
in der Stille
ein Vaterunser.

Biblische Texte

Psalm 131 (Wie ein gestilltes Kind bei seiner Mutter)
Markus 4,35-41 (Stillung des Seesturms)
1 Könige 19,1-12 (Elia am Horeb)

Gebete

Eingangsgebet:
Treuer Gott,
der Lärm der Woche kränkt noch mein Ohr.
Die Bilder des Tages brennen noch in meinen Augen.
Lass mich nun Ruhe finden in der Stille.

Ausgangsgebet:
Meine Seele ist still und ruhig geworden
wie ein gestilltes Kind bei seiner Mutter.
Wie ein gestilltes Kind, so ist meine Seele in mir.
Dass mich diese Ruhe begleitet
in die Nacht,
in den neuen Tag,
in die kommende Woche,
darum bitte ich dich, Gott.

Thematischer Impuls

Wenn ich nichts zu sagen habe, schweige ich.
Damit ich etwas zu sagen habe, schweige ich.

Unser Alltag ist bestimmt vom Auge.
Sehend ergreifen wir die Welt.
Hörend kommt die Welt zu uns.
Das Ohr ist vielfach sensibler als das Auge.
Täuscht weniger.
Vor allem und über allem regiert das Ohr.

Ohne Erinnerung keine Äußerung.
Ohne Ohr kein Wort.
Ohne Schweigen kein Klang.
Das Geheimnis jedes Wortes ist die Zeit zuvor,
in der ich ganz Ohr bin.
Die Quelle allen Redens ist das Hören.
Die Quelle allen Hörens ist das Schweigen.
Stille heilt.

Meditation

Meine Seele ist still und ruhig geworden
wie ein gestilltes Kind[17] bei seiner Mutter.
Wie ein gestilltes Kind, so ist meine Seele in mir.

Einer der kürzesten Psalmen der Bibel.
Er kommt in unseren Gottesdiensten selten vor.
Und doch ist er ein großes Geschenk.

Wir sind Kinder einer lauten Zeit.
Als Kinder dieser lauten Zeit spüren wir ein Bedürfnis nach Stille.

Meine Seele ist still und ruhig geworden
wie ein gestilltes Kind bei seiner Mutter;
wie ein gestilltes Kind, so ist meine Seele in mir.

Ich komme zur Ruhe.
Ich finde Stille.
Ich stille den Hunger meiner Seele.

Stillen und Stille.
Eine Mutter, die ihr Kind zum Stillen an die Brust legt, sorgt für alles.
Der Körper erhält die Nahrung, die er braucht.
Die Haut wärmt, der Kontakt ist sanft, zärtlich.

17. Bewusst ist der Luthertext hier geändert. Das kleine Kind ist das »kleine, gestillte Kind« an der Brust seiner Mutter. Diese »Übersetzung« macht am deutlichsten, was Psalm 131 in seiner Tiefe meint.

Die Seele kommt zur Ruhe.
Das Kind wird still.
Sein Frieden ist ganz, ungeteilt, unbedroht.

Meine Seele ist still und ruhig geworden
wie ein gestilltes Kind bei seiner Mutter;
wie ein gestilltes Kind, so ist meine Seele in mir.

Stillen und Stille und Stelle und Stall und Stollen, – das alles kommt aus einem Ursprung.
Wer Stille gefunden hat, hat seine Stelle gefunden, seinen Stall, der ihn wärmt, seinen Stollen, der ihn birgt.
Ein Mensch, der Stille sucht, sucht eine Behausung, die ihn birgt, einen Ort, an den er gehört.

Wie ist die Welt so stille und in der Dämmrung Hülle so traulich und so hold als eine stille Kammer, wo ihr des Tages Jammer verschlafen und vergessen sollt. (EG 482,2 Matthias Claudius)

Die stille Welt ist wie eine stille Kammer, ein Ort, der mich birgt. Was sonst nicht erlaubt ist, das Verschlafen, das Vergessen, jetzt ist es heilsam. Stille heilt.

Meine Seele ist still und ruhig geworden
wie ein gestilltes Kind bei seiner Mutter;
wie ein gestilltes Kind, so ist meine Seele in mir.

Kann ich mich Gott an die Brust legen?
Kann ich Gott bitten, mich zu stillen?

Ja, anders geht es wohl nicht.

Ich kann mich Gott an die Brust legen.
Ich kann Gott bitten, mich zu stillen.

Gott der Schoß, in den ich meinen Kopf betten kann.
Gott das Kissen, auf dem ich ausruhe.
Gott die Wiese, auf der ich träume.
Gott die Weite, in die ich schaue.

Gott lädt ein, bei ihm zur Ruhe zu kommen.
Gott lädt ein, bei ihm auszuatmen ohne Angst, die Luft bliebe dann weg.

Sie kennen den so genannten Heilandsruf, die Einladung dessen, der in allererster Linie geheilt hat. Mit Worten und Gesten, mit dem Ruf zur Umkehr und mit der Einladung, loszulassen. Wir lesen im Matthäusevangelium diesen »Heilandsruf«:

»Kommt her zu mir, alle, die ihr mühselig und beladen seid; ich will euch erquicken. Nehmt auf euch mein Joch und lernt von mir; denn ich bin sanftmütig und von Herzen demütig; so werdet ihr Ruhe finden für eure Seelen. Denn mein Joch ist sanft, und meine Last ist leicht.« (Matthäus 11,28-30)

Dieser Heiler spürt, es gibt Zeiten, in denen kann ich nichts verlangen, da muss ich entlasten. Ein sanftmütiger, ein demütiger Heiler. An ihn kann ich abgeben, kann ich loswerden, was mir Mühe macht. Er schafft mir Weite und Ruhe.

Jesus sagt nicht: Kommt her und schlaft euch einmal richtig aus.
Er möchte das Problem in seiner Tiefe gelöst wissen, den Menschen erlöst wissen vom Bösen.
Kommt her, ich will euch Gutes tun,
ihr werdet Ruhe finden für eure Seele.
Bei mir könnt ihr loslassen üben.
Eine solche Übung ist das Gebet.
Wer betet, gibt; lässt los; lädt ab.
Bettet seinen schweren Kopf in eines andern Schoß.
Lässt andere weiter feiern, singen, arbeiten, sorgen und helfen.
Macht nicht Ruhe und Stille, er überlässt sich der Ruhe, der Stille, – früher hat man gesagt: dem »Walten Gottes«.
Gott waltet, ich finde Ruhe.
Gottes »Walten« ist heilendes »Walten«.
Das spürt meine zerrissene Seele.

Meine Seele ist still und ruhig geworden
wie ein gestilltes Kind bei seiner Mutter;
wie ein gestilltes Kind, so ist meine Seele in mir.

Stille – die Anwesenheit Gottes.
Der innere Ort des Schweigens – ich werde zur Heimat Gottes und finde meine Heimat in Gott.
Und bin dann ganz offen für die Welt.
Ich lasse mich gebrauchen von Gott.
Zuerst einmal als Wohnung.
Und dazu muss ich schweigen.
Wenn Gott in mir wohnen will, mache ich ihm Platz.
Stille heilt.

Meine Seele ist still und ruhig geworden
wie ein gestilltes Kind bei seiner Mutter;
wie ein gestilltes Kind, so ist meine Seele in mir.

Mein Weg muss freigelegt werden, von Gott.
Aber es ist mein Weg.
Meine insgeheimen Wünsche, meine Niederlagen, meine Glücksgefühle, meine Not, meine Kindheit, mein Alter, meine Müdigkeit. Alles mein Weg.
Wie ein Bilderbuch – mein Seelenleben.
Wie eine Offenbarung – meine Träume.
Wie die apokalyptischen Reiter, meine Ängste.
Ich bin der Schauplatz eines großen Ringens um mich.
Gott selbst kommt mir entgegen, um mich zu begleiten.
Gott ist mein Lebensbegleiter.
Gott ist in meinem Schatten und ist in meinem Licht.
In ihm bin ich eins. In ihm bin ich zu Hause.
Von ihm kommen die apokalyptischen Reiter in mir und die Engel an seinem Thron.
Von ihm kommt der Hunger in mir und in ihm schöpfe ich Wasser des Lebens, umsonst.

Die Seele sucht nach einem Weg aus der Zerrissenheit,
aus dem Innenkrieg.
Die Seele sucht Gott, dorthin gehört sie auch.

Meine Seele ist still und ruhig geworden
wie ein gestilltes Kind bei seiner Mutter;
wie ein gestilltes Kind, so ist meine Seele in mir.

Wort auf den Weg

In einem von ihm selbst verfassten Text zu dem 1957 neu gestalteten Meditationsraum im UN-Gebäude in New York unterscheidet Dag Hammerskjöld, der 1961 früh gestorbene (ermordete) Generalsekretär der Vereinten Nationen, zwei Formen der Stille:
»silence« im Sinne eines äußeren Raumes der Stille
und »stillness« als inneren Raum des Schweigens.
»We all have in us a center of stillness surrounded by silence«.
»Wir alle haben in uns einen Ort der Stille umgeben von Schweigen.«
Man kann das nur schwer übersetzen.

Silence, das Schweigen außen.
Stillness, die Stille innen.
Silence, die Abwesenheit störender Geräusche.
Stillness, die Anwesenheit Gottes.

Stille nicht als Abwesenheit von Geräuschen.
Stille als Anwesenheit Gottes.

Stille heilt – weil Gott anwesend ist.
Stille macht stark – weil Gott in mir wirkt.
Stille macht selbstbewusst – weil Heimat selbstbewusst macht.
Stille macht hellhörig – weil sie die Seele weitet.

Stille heilt.

Der lange Karsamstag Gottes (Karfreitag)

Raum

Der Kirchenraum ist so ausgestaltet, wie ihn die Gemeinde an Karfreitag oder Karsamstag kennt.
Sollten keine Kirchenfenster, kein Kreuzweg oder andere Passionsdarstellungen in der Kirche vorhanden sein, kann ein solcher mit einfachen Mitteln durch Plakate mit dem entsprechenden »Signalwort« gestaltet werden.

Möglich sind traditionelle Stationen:
Jesus wird zum Tode verurteilt
Jesus wird mit dem Kreuz beladen
Jesus fällt zum ersten Mal unter dem Kreuz
Jesus begegnet seiner Mutter.
Simon von Kyrene hilft Jesus das Kreuz tragen
Veronika reicht Jesus das Schweißtuch
Jesus fällt zum zweiten Mal unter dem Kreuz
Jesus begegnet den weinenden Frauen
Jesus fällt zum dritten Mal unter dem Kreuz
Jesus wird seiner Kleider beraubt und mit Galle und Essig getränkt
Jesus wird ans Kreuz genagelt
Jesus wird am Kreuz erhöht und stirbt.
Jesus liegt im Schoße seiner schmerzhaften Mutter
Jesus wird ins Grab gelegt

Zusammenfassend, das Leben und Sterben Jesu mit dem eigenen Leben verknüpfend sind auch folgende Signalworte denkbar:
Urteil – Letzter Weg – Überlastet – Mutter – Hilf – Trösten – Entkräftet – Geduld – Zusammenbruch – Bloßgestellt – Tod – (Frieden)

Wort und Symbol

Kreuzweg

Ankommen, Bleiben und Gehen gestalten

Die Ankommenden werden eingeladen, schweigend die skizzierten Kreuzwegstationen zu betrachten und dann ihren Platz in der Kirche zu finden.

Zum Ausgang erhalten die Besucherinnen und Besucher eine Kunstdruckkarte mit Bild einer »Grablegung« bzw. einer »Pieta«.

Liedvorschläge

Die im Kapitel »Gestalt der Feierabendgottesdienste« jeweils unter »Lied« genannten Abendlieder.

Thematisch ausgerichtete Lieder:
O Traurigkeit, o Herzeleid (EG 80)
Nun gehören unsre Herzen (EG 93)
Am Ende des Regenbogens (Engelsberger, siehe Seite 136)
Danke, mein Gott (Engelsberger, siehe Seite 138)
Diesen Anfang, Herr, segne du (Engelsberger, siehe Seite 135)

Stille

Erste strukturierte Stille:
Auch wenn der Frühling aufbricht in diesen Tagen und Wochen,
jetzt ist dunkle Zeit.
Du hast die Kreuzwegstationen betrachtet:
Urteil – Letzter Weg – Überlastet – Mutter – Hilf – Trösten – Entkräftet – Geduld – Zusammenbruch – Bloßgestellt – Tod.
Nimm dir in der Stille eine dieser Stationen Jesu.
Eine, die dir besonders nah und eindrücklich ist.

Zweite strukturierte Stille:
Der lange Karsamstag Gottes mündet in den frühen Ostermorgen.
Nur schemenhaft deutet sich »Frieden« an,
oder »Auferstehung«,
oder »Leben«.
Du bist eingeladen, in der Stille

aus deinem Schweigen
den Ausgang der Passion Jesu,
diesen stillen Übergang zu bedenken.
Den Übergang
von der Nacht in den Tag,
vom Tod ins Leben.

Biblische Texte

Psalm 22 (Mein Gott, warum hast du mich verlassen)
Markus 15,1-47 (Markuspassion)
Matthäus 27,31-60 (Matthäuspassion)
Lukas 23,32-49 (Lukaspassion)

Gebete

Eingangsgebet:
Es ist Abend.
Es ist dunkel.
Finsternis liegt über der Stadt.
Wir gedenken des Todes Jesu.
Für uns gestorben.
Wir schweigen und versuchen,
zu verstehen,
was da geschieht.
Gott,
öffne unsre Ohren und Herzen.

Ausgangsgebet:
Nun in heil'gem Stilleschweigen stehen wir auf Golgatha.
Tief und tiefer wir uns neigen vor dem Wunder, das geschah. (EG 93)
Wir wehren uns nicht mehr.
Wir schweigen.
Es ist göttliche Liebe.
Deine Art Liebe,
Gott.

Auch wenn sie uns fremd bleibt.
Deine Liebe rettet uns.
Dein Tod ist unser Leben.

Thematischer Impuls

Die vergangenen zwei Jahrtausende bis in die Todeslager des letzten Jahrhunderts und in das Elend unserer Gegenwart sind der verzweifelte Versuch, der Liebe Gottes am Kreuz zu widersprechen.
Sind der Versuch, die Krankheit zum Normalfall zu erklären und den Tod hinzunehmen.
Abermillionen Menschenopfer in Kriegen und Gräueltaten, in Hunger und Größenwahn nehmen wir hin, leben damit von Tagesschau zu Tagesschau.
Aber das eine Opfer, in Liebe geschehen, damit die Welt den Glanz erhält, den Gottes Gegenwart ihr schenkt, das eine Opfer – stört uns. Wir widersprechen, wehren uns und sagen, das sei keine Lösung.

Wir sollten schweigen, um besser zu verstehen.
Bei Kazoh Kitamori, einem japanischen Theologen, lesen wir: »Der totale Sieg Christi, nämlich die Auferstehung, geschieht dann, wenn der Sünder der Liebe Gottes am Kreuz nicht mehr widersprechen kann.«[18]

Meditation

Nun also sind wir da. Daraufhin zielt die Passionsgeschichte.
Als aber der Hauptmann sah, was da geschah, pries er Gott und sprach: Fürwahr, dieser ist ein gerechter Mensch gewesen. Und als alles Volk, das dabei war und zuschaute, sah, was geschah, schlugen sie sich an ihre Brust und kehrten wieder um. Es standen aber alle seine Bekannten von Ferne, auch die Frauen, die ihm aus Galiläa nachgefolgt waren, und sahen das alles. (Lukas 23, 47–49)

18. K. Kitamori, Theologie des Schmerzes Gottes, Göttingen 1972, S.157

Man muss die Passionsgeschichte (des Lukasevangeliums) von diesen Sätzen her lesen, um sie zu verstehen.

Lukas lässt in seiner Passionsgeschichte Einzelne heraustreten aus der Masse der anonymen, der namenlosen Zuschauer.
Das ist das eine Motiv: der Tod des Gerechten.
Das andere ist das Heer der Zuschauer, mehr oder weniger fern, mehr oder weniger beteiligt.

Es sind die zentralen Sätze, die zu den sieben Worten Jesu am Kreuz gehören, – sie beeindrucken uns heute nach der Todesstunde Jesu:

Vater, vergib ihnen, denn sie wissen nicht, was sie tun.
Wahrlich, ich sage dir: Heute wirst du mit mir im Paradies sein.
Vater, ich befehle meinen Geist in deine Hände.

Gelassen ist Jesus gestorben, so sieht es der Evangelist Lukas.
Nach Markus stirbt Jesus mit einem unartikulierten Schrei.
Nach Matthäus klagt Jesus: Mein Gott, warum hast du mich verlassen? Nach einem weiteren Aufschrei stirbt er.
Nach Johannes stirbt Jesus mit dem Wort: Es ist vollbracht. Als Souverän am Kreuz.

Nach Lukas stirbt Jesus mit dem Abendgebet des frommen Juden auf den Lippen: Vater, ich befehle meinen Geist in deine Hände.

Uns beschäftigt dieser lange Karsamstag, der ja längst begonnen hat, als sich am Karfreitag am Nachmittag die Sonne verfinstert, eben die dunklen Seiten, die Schatten des Geschehens auf dem Hirtenfeld vor Bethlehem, das Ende der »Mitte der Zeit« andeuten. Diese lange verdrängte Todesnacht Gottes.

Kommen Sie damit zurecht, dass Gott stirbt?
Kommen Sie mit dieser langen Atempause von Karfreitagnachmittag bis zum Ostermorgen zurecht?
Und wenn ja: Wie kommen Sie damit zurecht?

Jesus war da. Er stirbt den Tod des Gerechten. Er stirbt diesen Tod stellvertretend für uns, für die vielen, deren einzige Hoffnung die des

Dritten am Kreuz ist, zu dem Jesus sagt: Heute wirst du mit mir im Paradies sein. Warum? Weil er glaubt. Nach allem, was falsch war in seinem Leben, legt er seine letzte Hoffnung in diese sterbenden, blutenden, immer schwächer werdenden, lächerlich hoffnungslosen Hände.

Angesichts aufziehender Wolken, grollender Erdbebenschläge und schlechter Prognosen für Handel, Wirtschaft und Kult bleibt dies. Mehr nicht. Nur Glaube. Nur Vertrauen in hilflose Hände. Und am Ende der Satz mitten aus der Führungselite römischer Soldateska: Fürwahr, dieser war ein gerechter Mensch.

Nun, da der Gerechte gestorben ist, herrscht Schweigen.
Die Blüten wollen sich nicht entfalten.
Die Vögel verweigern den Gesang, die Bäche versiegen, der Vorhang des Tempels zerreißt,
es mischt sich Heiliges und Unheiliges, so wie sich vorher Zuschauer und Akteure mischen, fast unterschiedslos.
So wie sie könnte jeder von Ferne stehen.
So wie er könnte jeder von uns da hängen und sterben, begafft von Zuschauern.

Aber Er hängt da. Er stirbt.
Er betet: Vater, ich befehle meinen Geist in deine Hände.
Das Abendgebet.

Abend ist es.
Abend der Welt, die auf klare Rollen setzt.
Abend der Welt, die von Händlern regiert und von Geldbeuteln bestimmt wird.
Abend der Welt, die auf Sieg setzt und dabei alles verliert. Wie kann einer auf Niederlage setzen?

Als aber der Hauptmann sah, was da geschah, pries er Gott und sprach: Fürwahr, dieser ist ein frommer Mensch gewesen!
Und als alles Volk, das dabei war und zuschaute, sah, was da geschah, schlugen sie sich an ihre Brust und kehrten wieder um.

Es standen aber alle seine Bekannten von ferne, auch die Frauen, die ihm aus Galiläa nachgefolgt waren, und sahen das alles.

Was sie gesehen haben, weiß ich nicht.
Es war dunkel.
Es war anders.
Es treten die Zuschauer zurück.
Es stirbt der Gerechte.
Dann ist Schweigen.
Mit meinen Worten mag ich dieses Schweigen nicht stören.
In diesem Schweigen und Hören liegt unsere Hoffnung.

Die Welt geht einen falschen Weg.
Sie feiert die Geräusche. Sie meidet die Stille.
Sie verdrängt ihre Sprachlosigkeit.
Sie bleibt den Glauben schuldig.

Lasst uns schweigen.
Lasst uns Gott nicht dazwischen reden.
Schweigen.

Und leise, ganz leise, wirst du hören,
das Lied der Amsel,
das Lied der Nachtigall,
das Atmen der Narzisse,
das Seufzen des Grases,
das Klagelied der Erde,
das Kyrie des Baches und das Gloria des Gletschers.
Schweigen.
Schweigen, um des Lebens willen.

Wer nicht schweigen kann,
hört sich nur selbst.
Das kann es nicht sein.

Schweigen.

Wort auf den Weg

»Der totale Sieg Christi, nämlich die Auferstehung,
geschieht dann, wenn der Sünder
der Liebe Gottes am Kreuz
nicht mehr widersprechen kann.«

Auch wenn es nun Nacht wird,
schweigen.
Dem langen Karsamstag Gottes
nicht widersprechen.
Warten auf das Wunder.
Von fern her leuchtet ein Morgen,
der lichter ist als alle Vernunft, –
gewaltig
und schön.

Der Engel an meiner Seite

Raum

Es gibt eine Fülle von Engeldarstellungen.[19] Es legt sich nahe, diesen Gottesdienst ausnahmsweise in einzelnen Kreisen der Gemeinde vor-

19. Aus der Fülle der Literatur seien fern vom Anspruch der Vollständigkeit, allein unter dem Gesichtspunkt der Vielfalt des Bildmaterials folgende Bücher genannt: Uwe Wolff (Hg.), Das neue große Buch der Engel, Gütersloh 2006; Uwe Wolff, Der Engel der Stille behüte dich, Gütersloh 2005; Hermann Multhaupt, Mögen Gottes Engel immer an deiner Seite sein. Irische Segenswünsche für Zeiten der Trauer, Gütersloh 2006; Paul Willenborg, Engel: von wunderbaren Mächten, Hamburg 1995; Gottfried Knapp, Engel. Eine himmlische Komödie, München 1995; Susanne Jasch (Hg.), Engel gibt es überall, Stuttgart 1995. Hier findet sich auch eine Menge von Texten. Falls zusätzliche Texte fehlen, sei hingewiesen auf: Anselm Grün, 50 Engel für das Jahr, Freiburg 1997

zubesprechen. Zu fragen wäre, welche Bilder und welche Inhalte mit »Engeln« von verschiedenen (Alters-)Gruppen in Verbindung gebracht werden. Daraus könnten einfache Stationen in der Kirche entstehen, die jeweils eine Gruppe von Bildern mit Aussagen von Gemeindegliedern zusammenbringen. Die Textteile sollten so offen sein, dass Gottesdienstbesucherinnen und Gottesdienstbesucher ihre eigenen (kurzen) Gedanken hinzufügen können.

Symbol

Engel

Ankommen, Bleiben und Gehen gestalten

Die Ankommenden werden nach der Begrüßung auf die Bilder und Texte hingewiesen. Sie werden eingeladen, die Stationen schweigend zu begehen (noch nicht schreiben) und dann ihren Platz in der Kirche zu finden.
Am Ausgang erhalten die Gottesdienstbesucherinnen und -besucher eine Kunstdruckkarte mit einem Engelmotiv.

Liedvorschläge

Die im Kapitel »Gestalt der Feierabendgottesdienste« jeweils unter »Lied« genannten Abendlieder.

Thematisch ausgerichtete Lieder:
Gott ist gegenwärtig (EG 165)
Von guten Mächten (EG 65)
Mit meinem Gott geh ich zur Ruh (EG 474)
Segne uns, o Herr (Kommunität Gnadenthal, EG reg.)
Abends, will ich schlafen gehen (Trad., Humperdinck, Hänsel und Gretel)

Stille

Erste strukturierte Stille:
Du hast die Bilder gesehen.
Da waren Engel.
Da waren Engel auch in deinem Leben.
Sie haben dich beschützt, sie haben dich geführt,
sie haben dich gewarnt, sie haben dich bewahrt.
Da waren Engel in deinem Leben.

Zweite strukturierte Stille:
Sie sind nun eingeladen, noch einmal die einzelnen Engel-Stationen zu besuchen. Vielleicht fühlen Sie sich auch zu einer besonders hingezogen. Möchten noch einmal betrachten oder nachlesen.
Schön wäre es, Sie würden selbst einen oder zwei Sätze anfügen an das, was schon an Erfahrungen zu lesen war. Bitte nehmen Sie sich dazu etwa zehn Minuten Zeit.
Wenn die Orgel/CD leise zu spielen beginnt, kommen Sie langsam an der Station zum Ende und finden sich wieder auf ihrem Platz ein.

Biblische Texte

Psalm 34,1-8 (Unter Gottes Schutz)
Psalm 91 (Er hat seinen Engeln befohlen)
1 Könige 19,1-8 (Elia und der Engel)

Gebete

Eingangsgebet:
Danken will ich dir,
guter Gott,
für diesen Tag, für diese Woche,
für mein Leben.
Nichts versteht sich von selbst.
Dass ich lebe,
dass ich atme,
dass ich hier bin,

dass morgen ein neuer Tag wartet –
nichts versteht sich von selbst.
Du bist der Grund meines Lebens,
du bist der Boden unter meinen Füßen,
der Engel an meiner Seite,
das Ziel meiner Tage.

Ausgangsgebet:
Treuer Gott,
du mein Engel,
du meine Wüste,
du meine Zukunft.
Schenke auch mir,
wie Elia
einen Engel,
der mich wegholt
unter meinem Wacholder
und mir sagt:
Du darfst noch weite Wege gehen.

Treuer Gott,
du mein Engel,
du meine Wüste,
du meine Zukunft.
Steh nahe bei mir.
Steh mir bei.
Lass mich ruhen.
Richte mich auf.

Thematischer Impuls

Engel,
schreibt der Kirchenvater Augustinus,
Engel,
das ist nicht der Name für eine Gattung,
sondern für eine Aufgabe.

Meditation

Da legt sich einer in den kargen Schatten eines Baumes, wähnt sich am Ende seines Weges, am Ende seines Lebens. Meint, vertan sei, was er getan hat. Resigniert: Besser habe ich es machen wollen als die vor mir, und nun stelle ich fest: Ich bin nicht besser als meine Väter.
Da ist einer müde vom Tag. So müde, dass er den Abend nicht feiert, seiner Tage überdrüssig ist. Nun lass es mit mir, Gott, es hat keinen Sinn. Ich bin auch nicht besser.

Das ist nicht die berechtigte Ruhe nach dem Tag. Das ist nicht der Sabbat nach dem Sechs-Tage-Werk. So kann sich einer auch nicht erholen, wälzt sich allenfalls von der einen auf die andere Seite, kann nicht schlafen und will doch auch nicht wieder aufstehen.

Ich kenne diese depressive Grundstimmung. Ich blicke zurück auf den Tag und sehe nur vertane Zeit, unnütze Gespräche, liegen gebliebene Arbeit. Ich blicke zurück auf den Monat und erschrecke: Bald wieder ein Jahr. Ich blicke zurück auf das Jahr und frage nach all den gelebten Stunden, die es doch gehabt haben muss.

Elia unter dem Wacholder, das ist,
wenn Tagwerk nur noch Arbeit ist,
wenn Ehe nur noch Alltag ist,
wenn Gabe zum Fluch wird.

Eben hat Elia triumphiert über die Priester der anderen Religion.
Eben noch ist seine Sicht der Dinge von Gott selbst – offensichtlich – bestätigt worden. Erfolg auf der ganzen Linie. Nun liegt er, von der Vergangenheit erschlagen, ermüdet, überdrüssig unter dem Wacholder, will nicht mehr leben.

Und dann steht ein Engel an seiner Seite.
Er entwickelt ein therapeutisches Programm, auf Elia und seine Verfassung zugeschnitten.
»Und siehe, ein Engel rührte ihn an und sprach zu ihm: Steh auf und iss!
Und er sah sich um, und siehe, zu seinen Häupten lag ein geröstetes

Brot und ein Krug mit Wasser. Und als er gegessen und getrunken hatte, legte er sich wieder schlafen.
Und der Engel des HERRN kam zum zweiten Mal wieder und rührte ihn an und sprach: Steh auf und iss! Denn du hast einen weiten Weg vor dir.
Und er stand auf und aß und trank und ging durch die Kraft der Speise vierzig Tage und vierzig Nächte bis zum Berg Gottes, dem Horeb.«

Der Engel rührt ihn an.
Lädt ihn ein zum Nötigsten: Essen und Trinken, mehr nicht.
Keine Frage. Keine Aufforderung.
Der Engel an seiner Seite ist einverstanden, dass er wieder schläft.
Lässt ruhen, was Zeit braucht.
Da muss vieles, so sagen wir ja, verdaut werden.
Und erst das Verdaute kräftigt.
Nicht die Vitamine im Magen und das kräftige Stück Fleisch zwischen den Zähnen gibt Kraft.
Erst muss beides verdaut sein.
Das geschieht auf gesunde Weise dann, wenn ich zur Ruhe komme.
In mir wächst die notwendige Kraft,
wenn der Engel neben mir dafür sorgt,
dass ich zur Ruhe komme und verdauen kann.

Und der Engel des HERRN kam zum zweiten Mal wieder und rührte ihn an und sprach: Steh auf und iss! Denn du hast einen weiten Weg vor dir.

Der Erschöpfte, also der, aus dem man nichts mehr schöpfen kann, bei dem nichts mehr zu holen ist, der leer ist – der erschöpfte Elia ist wieder gesammelt, ist wieder bei Kräften, hat wieder Kraft, sich aufzurichten. Und geht seinem Gott entgegen, 40 Tage lange. 40 Tage. 40, eine für die Bibel so wichtige Zahl. 10 ist die Zahl der Vollkommenheit, 4 die Zahl der Erde, der Himmelsrichtungen, der Jahreszeiten. 40 Jahre wandert das Volk durch die Wüste, ohne das gelobte Land betreten zu dürfen. 40 Tage betet Jesus in der Wüste, bevor er sein Wirken beginnt. 40 Tage dauert die Sintflut und vierzig Tage bereiten sich die Christen auf Ostern vor. 40 Tage tut die Stadt Ninive Buße, nachdem ihr von Jona Gottes Gericht eröffnet ist. 40 Tage bleibt Mose auf dem Berg Sinai, um die Tafeln des Gesetzes zu erhalten. 40 Tage nach Ostern feiern wir Himmelfahrt und damit die Bekräftigung der Osterbotschaft. Die Zahl 40 ist die Bußzahl, die Fastenzahl, ist gleichbedeutend mit »immer«.

Nach 40 ist jeweils erreicht, was erwartet wurde:
das gelobte Land, die Begegnung mit Gott,
das Ende der Flut, die Abwendung des Gerichts.

Elia hat seine Prüfung noch nicht bestanden.
Der lange Weg durch die Wüste steht ihm, dem Erfolgreichen,
dem Sieger im großen Duell,
dem Vorboten des Messias erst noch bevor.
»Steh auf und iss! Denn du hast einen weiten Weg vor dir.«

Der Engel neben ihm wird diesen langen, einsamen Weg begleiten.
Die Kraft in ihm wird reichen für die schwerste Prüfung seines Lebens.
40 Tage Wüste, Einsamkeit, Ausgesetzt-Sein, Leben sortieren, Ziele neu stecken, –
schließlich Gott begegnen im leisen Säuseln eines Windes
am Berg Horeb.

Wort auf den Weg

Du unter dem Ginster,
müde vom Alltag,
du mit der Vergangenheit,
du Elender,
Elia,
du und du und du,
Peter, Maria, Dirk, Miriam,

nimm Brot und Wasser,
trau deinem Engel,
durchwandere deine Wüste,

besteige deinen Berg,
begegne deinem Gott,
lebe dein Leben.

Steh auf,
Elia,
steh auf.
Du hast noch einen weiten Weg
vor dir.

Wächter

Raum

Der Kirchenraum ist so ausgestaltet, wie ihn die Gemeinde kennt. Besondere Stationen sind nicht vorgesehen.

Symbol

Kein Symbol

Ankommen, Bleiben und Gehen gestalten

Die Gottesdienstbesucherinnen und -besucher erhalten beim Ankommen eine Kunstdruckkarte Carl Spitzweg, Der eingeschlafene Wächter. Sie sind eingeladen, sich darüber Gedanken zu machen, wenn sie ihren Platz in der Kirche gefunden haben.
Sollte die Kunstkarte nicht beschafft werden können, dann finden sich unter den entsprechenden Stichworten (Spitzweg, der eingeschlafene Wächter) im Internet eine Reihe von Seiten, die als Druckvorlagen dienen können.

Liedvorschläge

Die im Kapitel »Gestalt der Feierabendgottesdienste« jeweils unter »Lied« genannten Abendlieder.

Thematisch ausgerichtete Lieder:
»Wachet auf«, ruft uns die Stimme (EG 147)
Nun schläfet man (EG 480)
Bleibet hier und wachet mit mir (Taizé)

Im Weihnachtskreis:
Tochter Zion (EG 13)

Stille

Erste strukturierte Stille:
Manche liegen in den Nächten lange wach.
Das wird den meisten hier schon einmal so gegangen sein.
Der Körper ist müde, die Seele ist müde,
und doch will der Schlaf nicht kommen.
Manchmal helfen Übungen zur »Entspannung«.
Zu einer solchen einfachen Übung lade ich Sie in der Stille jetzt ein.
Sie sitzen aufrecht,
legen die Hände offen ineinander,
lassen die Hände in Ihrem Schoß ruhen
und schließen die Augen.
Nun versetzen Sie sich gedanklich in Ihre Füße, Ihre Knie usw.
aufwärts bis zu den Schultern und zum Kopf.
Sie spüren den Körperteil, die Muskeln.
Und jeden Muskel, von den Waden bis zu den Schultern
lassen Sie sanft los.
Ganz bewusst – loslassen.

Zweite strukturierte Stille:
Du sollst ruhen dürfen.
Du sollst die Hände in den Schoß legen dürfen.
Du musst nicht sorgen.
Gott sorgt.

Du musst in der Nacht nicht wachen.
Gott wacht.
Morgen wieder ist deine Wachsamkeit gefragt.
Dann, wenn du dich erholt hast und mit neuen Kräften lebst.

Jetzt lade ich dich ein,
in der Stille, im Gebet
Gott zu sagen,
was dich nicht zur Ruhe kommen lässt.

Biblische Texte

Psalm 130 (Aus der Tiefe rufe ich)
Markus 13,31-37 (Wachet)

Gebete

Eingangsgebet:
Treuer Gott,
der Tag hat mich müde gemacht.
Die Woche hat mich müde gemacht.
Ich möchte Feierabend machen.
Ich möchte zur Ruhe finden.
Nimm meine Anspannung.
Schenke mir deinen Frieden.

Ausgangsgebet:
Du wachst über uns,
ewiger Gott.
Du wachst über uns,
Jesus Christus.
Du wachst über uns,
Heiliger Geist.
Wir können das Sorgen für heute lassen.
Morgen – ein neuer Tag.
Jetzt kann Abend werden und Nacht.
Ich bin geborgen.

Thematischer Impuls

Carl Spitzweg (1808-1885) hat ein (romantisches) Bild gemalt: Der eingeschlafene Wächter.
Wir sehen eine enge Straßenschlucht unter einem nachtblauen Himmel mit blitzenden Sternen und einem für den Betrachter nicht sichtbaren Mond, der wie ein Bühnenscheinwerfer starke diagonale Schatten auf die hoch aufragenden Kulissen wirft. Liebevoll malt Spitzweg die Fassaden der Häuser mit Erkern, Nischen und Fenstersimsen.
Einsam sitzt in dieser scheinbaren Idylle der Nachtwächter, auf seinen Pickel gestützt, in tiefem Schlaf.
Der Brunnen plätschert vor sich hin, die mondhellen Straßen sind menschenleer, die Turmuhr zeigt schon fast den Tag an, ein erstes Licht leuchtet auf. Der Wächter schläft.

Meditation

Die Nacht lässt uns nicht nur ruhig werden. Sie dämpft wohl die Geräusche, den Verkehr auf der Straße, die Maschinen in vielen Betrieben stehen still.
Aber es geschieht eine Umkehrung. Ich höre das einzelne Geräusch deutlicher. Den Atem dessen, der neben mir schläft, das einzelne Auto draußen, das Husten eines Kindes, das ferne Schlagen einer Tür.

Viele, die allein sind, sagen, das sei anfangs das Schlimmste. Die Nächte. Man ist nicht abgelenkt, ist eh innerlich aufgewühlt. Kann bald nicht mehr unterscheiden zwischen Wahn und Wirklichkeit. Wähne ich nur, dass da jemand in der Wohnung ist, oder ist das Wirklichkeit?

Viele von Ihnen kennen die langen Nachtstunden an Betten von Schwerkranken, Sterbenden. Entweder sitzend neben dem Bett, oder beim eigenen Versuch, ein paar Stunden zu schlafen, eine Tablette nehmen, ist das jetzt richtig oder soll ich wach bleiben?
Dann sitze ich da, höre jedes Geräusch, habe eine Hand in der meinen, die manchmal zuckt, achte auf den Atem, auf den Pulsschlag. Schrecke plötzlich auf und merke, ich bin eingenickt ...

Diese Stunden zwischen Tag und Tag, diese Grenzgänge zwischen Wachen und Schlafen, zwischen Tod und Leben, gehören zum Intimsten und Intensivsten, was einem Menschen geschenkt oder abverlangt wird.

Das Bild des Wächters ist ein häufig gebrauchtes in der Bibel. Er steht auf dem höchsten Platz – der Stadt oder des Tempels oder des Palastes –, ist voller Konzentration, meldet, was er sieht, von ihm hängt Leben ab, er muss ein sehr verlässlicher Mensch sein. Er sieht die Gefahr kommen, oder umgekehrt: Er sieht die Hilfe kommen, jeweils als Erster. Ob er richtig wacht und sieht und weitergibt, was er sieht und hört, ist für die ihm Anvertrauten wichtig.

Gott schickt Propheten zu seinem Volk, als Wächter, die nüchtern bleiben, wo andere sich an Wohlstand und in Selbstgefälligkeit berauschen und sich selbst blenden.
Der Wächter muss nüchtern bleiben, wo andere schwelgen. Es hat keinen Sinn, dass er seinen Blick wegnimmt vom Horizont. Er muss über die Mauern blicken und nicht auf das Treiben innerhalb der Mauern. Zum Wohl der Stadt braucht er einen weiten Horizont und einen erhöhten Platz und Klarheit, muss seinen Sinnen trauen können, braucht ein gutes Ohr und ein klares Auge.
Der Wächter muss seine Stimme erheben, wo andere schweigen, schwätzen oder jammern.
Nein, ein Nachtwächter darf alles andere als verschlafen sein.

Die Bibel kennt auch verschlafene und schlechte Wächter. Von ihnen heißt es beim Propheten Jesaja:
Alle ihre Wächter sind blind, sie wissen alle nichts. Stumme Hunde sind sie, die nicht bellen können, sie liegen und jappen und schlafen gerne. Aber es sind gierige Hunde, die nie satt werden können. Das sind die Hirten, die keinen Verstand haben. (Jesaja 56,10f.)

Das sind keine guten Wächter. Sie teilen die Trunkenheit der Trunkenen, die Blindheit der Blinden und den Wahn der Blender. Sie leiden unter Wirklichkeitsverlust, sehen Not, wo keine ist, und vermuten Glück aufgrund der schönen Fassade. Wie oft schon sind wir in unserem Leben solchen Nachtwächtern gefolgt. Und wie oft schon war uns anvertraut, für andere zu wachen, und wir sind schuldig geworden.

In Israel ist die Nachtwache in drei Teile gegliedert: Sie dauert zwölf Stunden. Jede Wache mit vier Stunden. Jesu Jünger sind nicht einmal im Stande, eine Stunde mit ihm zu wachen.
Vier Stunden pro Wache ist eine lange Zeit. Die erste von 18–22 Uhr, die zweite von 22–2 Uhr, die dritte dann, die Morgenwache, von 2 bis 6 Uhr.
Dann ist die Dämmerung vorbei, der Tag ist da, das Licht. Die Morgenwache ab 2 Uhr ist die schwierigste.
Es gibt in dieser Zeit zwischen 3 Uhr und 5 Uhr am frühen Morgen einen Augenblick, der gleicht dem Tod. Ein Innehalten, ein Stillstand. Man erlebt das ja in unserer mit Licht und Lärm zugeschütteten Welt nicht mehr. Uns ist damit so vieles genommen, was uns helfen könnte, den eigenen Rhythmus zu finden.

Die Morgenwache ab 2 Uhr ist die schwierigste. Sie hat diesen Schweigepunkt der Natur zu überwinden. Danach beginnen die ersten Vögel zu singen, und dann eigentlich erst schlägt das Leben eine neue Seite auf. In dieser Zeit der dritten Nachtwache sterben anteilig die meisten Menschen. Hier scheint der Mensch am angrifflichsten, am einsamsten, dem Tod am nächsten, der Depression am ärgsten ausgesetzt. Hier eigentlich müssten die Wächter am ehesten auf der Hut sein.

Der Beter des Psalms kennt diese Zeit der Morgenwache aus eigener Erfahrung. Er betet:

Meine Seele wartet auf den Herrn mehr als die Wächter auf den Morgen; mehr als die Wächter auf den Morgen hoffe Israel auf den HERRN! Denn bei dem HERRN ist die Gnade und viel Erlösung bei ihm. (Psalm 130,6f.)

Die meisten hier haben wohl viele schlaflose Nächte verbracht. Gründe genug gibt es ja.

Es ist ein andauerndes Umherirren. Die Gedanken machen sich selbstständig, Bewusstes und Unbewusstes mischen sich. Es ist ein Grenzgang. Und man muss sich sehr zusammennehmen, um Schlimmes nicht noch düsterer zu sehen oder Gutes zu euphorisch.

Aber es ist ja immer die Frage, worauf ich warte. Warte ich auf den Schlaf? Warte ich auf einen lieben Menschen, der schon lange ausbleibt? Warte ich auf einen Anruf? Warte ich auf das Licht des Morgens, auf ein Ende der Einsamkeit oder warte ich auf Gott?
Wohin blicken unsere Augen in der Mitte der Nacht?
Blicken sie auf uns selbst, versuchen wir uns selbst zu durchschauen, zu begreifen?
Oder schauen wir den Horizont ab, ob dort etwa ein Licht aufgeht, an dem wir uns orientieren?

Mir ist das Bild vor Augen, das zu unserem Adventslied »Tochter Zion« geführt hat.
Jerusalem liegt in Trümmern. Die Mauern geben keine Sicherheit mehr. Geschlagene irren an den Tagen durch die Stadt, halten notdürftig das Leben zusammen, sorgen dafür, dass nicht noch Schlimmeres passiert.
Aber die Nacht. Die lange Nacht. Wenn innen schon alles in Trümmern liegt, wenn die Mauern keinen Schutz mehr bieten, dann macht die Nacht meine Blöße erst recht deutlich. Leib und Seele, am Tag notdürftig zusammengehalten durch die Aufgaben, durch die Rituale des Alltags, brechen jetzt auseinander.
Jerusalem liegt da in der Nacht wie eine offene Wunde.
Und dann diese Vision: Es ist Gott, der kommt.
Und er kommt zum Heil, zur Heilung, er behütet von nun an.
Gott ist König:

Darum soll an jenem Tag mein Volk meinen Namen erkennen, dass ich es bin, der da spricht: Hier bin ich! Wie lieblich sind auf den Bergen die Füße der Freudenboten, die da Frieden verkündigen, Gutes predigen, Heil verkündigen, die da sagen zu Zion: Dein Gott ist König! Deine Wächter rufen mit lauter Stimme und rühmen miteinander;

denn alle Augen werden es sehen, wenn der HERR nach Zion zurückkehrt. Seid fröhlich und rühmt miteinander, ihr Trümmer Jerusalems; denn der HERR hat sein Volk getröstet und Jerusalem erlöst. (Jesaja 52,6)
Es gibt für den Wächter keine schönere Stunde als die, dass er den ihm Anvertrauten sagen kann: Dort – am Horizont – kommt Gutes.
Da kommt Regen nach langer Dürre.
Dort brechen die Wolken auf und scheint die Sonne nach Wochen der Flut.
Dort kommt ein Konvoi aus Wagen, unzähligen Wagen, und sie bringen Brot und Mehl und Milch und Medikamente.
Dort kommen Boten des Friedens. Nein, es sind keine schwer bewaffneten Soldaten, es sind Ärzte, Schwestern, Handwerker, eure Verwandten, eure Vermissten, eure Verschleppten.

Da ging ein Hausbesitzer weg und überließ sein Haus anderen.
Setzte Wächter ein und Arbeiter.
Und trug ihnen Verantwortung auf.
Keine Maßregeln über Mieten, Gewinnspannen und Marktanteile.
Nur die dringende Bitte, zu wachen.
Der Besitzer möchte sein Haus nicht verwüstet sehen,
sondern in Frieden, in Recht, in Gesundheit.
Und offen, – wenn er kommt, soll das Haus offen sein.
Er möchte feiern nach langer Reise mit den Seinen.
Möchte spüren, dass man sich freut.
Und sagt deshalb: Ich kann euch nicht sagen, wann!
Rechnet nicht, ihr irrt euch doch.
Lebt einfach so,
dass ich heute oder morgen kommen könnte
und ich wäre willkommen.

Plötzlich will er kommen.
Aber nicht zum Schrecken, nicht unerwartet.
Er möchte erwartet sein.

Mit offenen Türen,
mit Wächtern,
die ihn am Horizont schon gesehen haben,
weil ihr Blick weit über die eigenen Grenzen hinausreicht
und weil einer dem anderen das Wächteramt abnimmt,
wenn er müde wird.
Das ist Gemeinde.
Hand an Hand,
Mensch an Mensch,
Hoffnung an Hoffnung.

Wort auf den Weg

Wenn wir jetzt auseinander gehen,
dann geht keiner allein.
Die Gebete der anderen gehen mit.
Der Segen Gottes geht mit.

Die Gemeinschaft der Heiligen
wird ganz konkret,
wenn wir jetzt auseinander gehen.

Wir beten füreinander.
Wir wachen füreinander.
Und Gott ist bei uns,
wacht über uns
am Abend, in der Nacht,
dann,
wenn wir die Hände in den Schoß legen
und schlafen,
ruhen und träumen.

Lieder

Mein Gebet

Text und Musik: Gerhard Engelsberger 1983

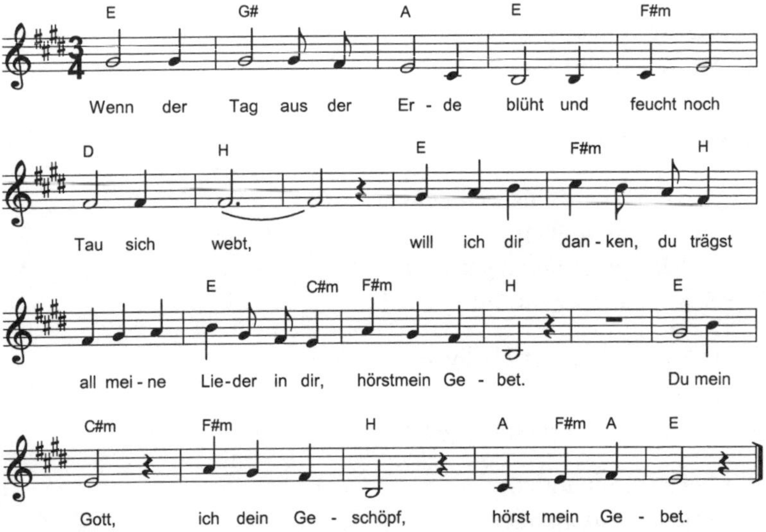

1. Wenn der Tag aus der Erde blüht und feucht noch Tau sich webt,
   will ich dir danken, du trägst all meine Lieder in dir, hörst mein Gebet.
   Du mein Gott, ich dein Geschöpf, hörst mein Gebet.

2. Wenn die Sonne den Tag mir teilt und Schatten werden klein,
   will ich dir danken, du nimmst all meine Träume mit dir, hüllst sie mir ein.
   Du mein Gott, ich dein Geschöpf, nun darf ich sein!

3. Wenn der Tag sich in Weiten sucht und braun das Laub sich schließt,
   will ich dir danken, du birgst all meine Ängste in dir, alles, was ist.
   Du mein Gott, ich dein Geschöpf, weil du mich liebst.

4. Wenn der Tag sich ins Dunkel senkt, mein Leben zieht vorbei,
   will ich dir danken, du trägst all meine Hoffnung in dir, alles, was sei.
   Du mein Gott, ich dein Geschöpf, du sprichst mich frei.

5. Liebe weiß einen Tag sich fern von dem, was morgen lebt.
   Leben ist uferlos, du kennst meine Grenzen, ich weiß: Du bist's, der trägt.
   Du mein Gott, ich dein Geschöpf, hör mein Gebet.

Diesen Anfang, Herr

Text und Melodie: Gerhard Engelsberger 1990

1. Diesen Anfang, Herr, segne du!
   Diesen Abend, Herr, segne du,
   dieser Tag, Herr, sei dein Tag,
   gib unserm Leben Sinn und Mut zu unserm Tun.

2. Deine Liebe, Herr, macht uns Mut;
   unter Freunden sein, tut uns gut,
   wo die Hoffnung wächst, weicht die Angst von uns,
   wie kostbar ist die Zeit, wie gut ein neuer Tag.

3. Neuen Menschen, Herr, öffne uns,
   die uns wichtig sind, bewahre uns,
   von den Zwängen, Herr, mach uns frei und stark,
   zu tun, was nötig ist, zu lassen, was nur quält.

4. Diesen Anfang, Herr, segne du!
   Diesen Abend, Herr, segne du,
   dieser Tag, Herr, sei dein Tag,
   gib unserm Leben Sinn und Mut zu unserm Tun.

Am Ende des Regenbogens

Text und Musik: Gerhard Engelsberger 1990

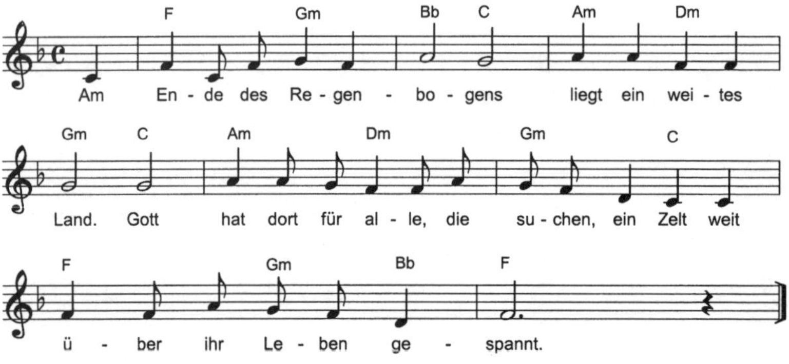

1. Am Ende des Regenbogens
   liegt ein weites Land,
   Gott hat dort für alle, die suchen, ein Zelt
   weit über ihr Leben gespannt.

2. Am Morgen des neuen Tages
   steht ein Lächeln auf
   und streut seine Strahlen auf alles, was blüht
   und schenkt seinen Segen darauf.

3. Am Mittag des fremden Morgens
   liegt ein großer Glanz
   auf Erde und Himmel, auf Blüte und Strauch,
   und alles Zerbrochne wird ganz.

4. Am Abend des alten Tages
   zeigt sich uns ein Weg,
   er öffnet die Grenzen bricht alles, was hält,
   denn Gott sieht das Herz und versteht.

5. Am Ende des Regenbogens
   liegt ein weites Land -
   wenn umwegeweit ich es finde, dann nur
   an deiner vergebenden Hand.

Ein Lied für die Knospe am Zweig

Text und Musik: Gerhard Engelsberger 1991

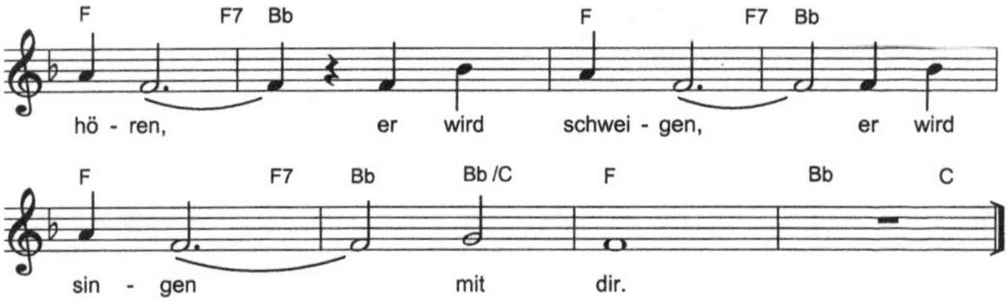

Refrain

Ein Lied für die Knospe am Zweig,
ein Gedicht für den Abendwind,
ein Lachen für den Vogel im Geäst,
ein Ja zu jedem Kind,
ein Schrei gegen jede Gewalt
und ein Flüstern dem jungen Ohr,
ein Spiel dem Regen, der die Erde tränkt,
dem Leben, das uns Gott schenkt, einen Chor.

1. Nimm die Flöte, spiel ein leises Lied dem lauten Tag, er hört
eben ganz auf seine Weise. Wenn er dich am meisten stört,
schenk ihm deine Lieder,
er wird hören, er wird schweigen, er wird singen mit dir.

2. Sing ein Lied und sing es ein Gebet lang für die kranke Welt,
der dein Lachen, der dein Mut, und der dein Lied seit langem fehlt,
schenk ihr deine Liebe,
sie wird hören, sie wird schweigen, sie wird leben mit dir.

Danke, mein Gott

Text und Musik: Gerhard Engelsberger 1981

1. Danke, mein Gott, in dir hab' ich, in dir hab' ich Ruh.
   Sprich du dein Wort, in dir hab' ich, in dir hab' ich Ruh.
   Wenn du mich brauchst, morgen am Tag,
   wenn ich's vermag, ja.
   Danke, mein Gott, in dir find' ich, in dir find' ich Ruh.

2. Schenk' mir die Nacht, in dir hab' ich, in dir hab' ich Ruh.
   Kommen und Gehn, in dir hab' ich, in dir hab' ich Ruh.
   Zeit, die verrinnt; was man beginnt,
   viel zu geschwind geht.
   Danke, mein Gott, in dir find' ich, in dir find' ich Ruh.

3. Sovieles noch, in dir hab' ich, in dir hab' ich Ruh.
   Fragen, und doch, in dir hab' ich, in dir hab' ich Ruh.
   Zeig mir den Weg, wie du mich siehst,
   wichtig, du gehst mit.
   Danke, mein Gott, in dir find' ich, in dir find' ich Ruh.

4. Danke, mein Gott, in dir hab' ich, in dir hab' ich Ruh.
   Sprich du dein Wort, in dir hab' ich, in dir hab' ich Ruh.
   Nimm meine Angst in deine Hand,
   dann find ich zu mir.
   Danke, mein Gott, in dir hab' ich, in dir hab' ich Ruh.

Einer geht zaghaft

Text und Musik: Gerhard Engelsberger 1988

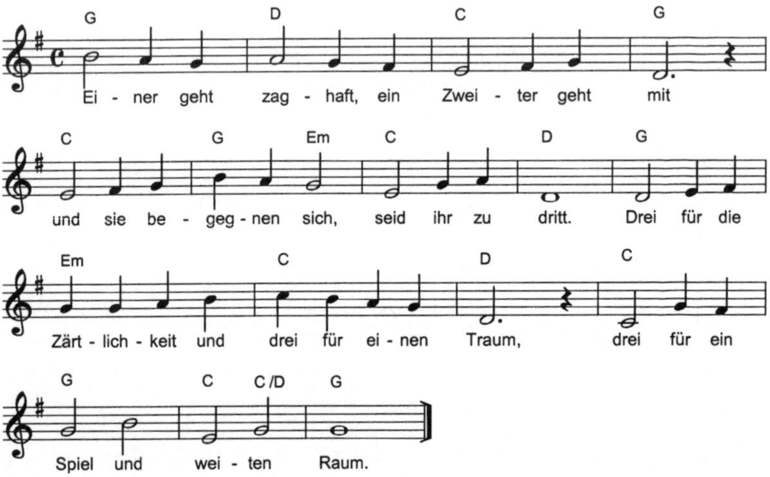

1. Einer geht zaghaft, ein Zweiter geht mit,
   und sie begegnen sich, seid ihr zu dritt.
   Drei für die Zärtlichkeit und drei für einen Traum,
   drei für ein Spiel und weiten Raum.

2. Einer singt leise, ein Zweiter singt mit,
   du hörst sie singen, dann singt ihr zu dritt.
   Drei für ein Wiegenlied und drei für einen Chor,
   drei öffnen vielen Mund und Ohr.

3. Einer lacht zögernd, ein Zweiter lacht mit,
   du schaust den beiden zu, lacht ihr zu dritt.
   Drei für die Fröhlichkeit und drei für neuen Mut,
   drei, und ihr Lachen tut so gut.

4. Einer sagt "Gott" und ein Zweiter hört zu,
   Gott ist der Dritte, der Zweite bist du.
   Hör auf den Einen und geh´ mit ihm deinen Weg.
   Er ist die Hand, die alle trägt.

Ich möchte wie ein Brunnen sein

Text und Musik: Gerhard Engelsberger 1992

Refrain
Ich schöpfe Wasser aus tiefen Quellen, ruhig fließt seit Zeiten die Kraft,
ich tränke dürre, trockene Erde mit Tau, mit brunnentiefer, ewigneuer Kraft.

1. Ich möchte wie ein Brunnen sein, tausend Meter tief,
mit Wasser, frisch und kalt und rein, meinetwegen schief,
doch köstlich für jeden, der trinkt,
doch köstlich für jeden, der trinkt.
Ich möchte gern ein Danklied sein, tausend Strophen lang,
und sind die Töne auch nicht rein, kein perfekter Klang,
doch fröhlich für jeden, der singt,
doch fröhlich für jeden, der singt,

2. Ich möchte eine Wiese sein, tausend Meter lang,
mit Blumen, farbig, groß und klein, wild, am Bach entlang,
doch offen für jeden, der träumt,
doch offen für jeden, der träumt.
Ich möchte gern ein Fenster sein oder eine Tür,
weit geht der Blick für den, der sucht, reicht von mir zu dir,
und keiner, der etwas versäumt,
und keiner, der etwas versäumt.

Such deinen Platz nah bei meinem

Text und Musik: Gerhard Engelsberger 1992

Refrain

Such deinen Platz nah bei meinem,
trink aus der Quelle, ruh aus.
Wir sind den andern voraus.
Lach deine Tränen mit mir,
und aus zwei werden vier.
Vier für ein spannendes Leben,
acht auf den Wolken zuhaus.
Wir sind den andern voraus.
Acht werden morgen schon mehr,
werden hundert und mehr.

1. Traum an Traum, keiner der Träumen wehrt,
einer, der Hoffnung nährt und sie täglich vermehrt.
Freund an Freund, keiner, der Schwache kränkt,
einer, der unbegrenzt seine Liebe verschenkt.

2. Weg an Weg, keiner, der Wege trennt,
einer, der jeden kennt, ihre Hoffnungen kennt.
Tag an Tag, keiner, der Helles scheut.
Einer, der uns verzeiht, schenkt uns Leben und Zeit.

Der Bauer sät seinen Samen

Text und Musik: Gerhard Engelsberger 1992

Refrain

Der Bauer sät seinen Samen
auf weites, offenes Land.
So ruft auch Gott meinen Namen
und schenkt mir Gaben aus offener Hand.
Ich will mein Land mit dir teilen,
will fragen, wie es dir geht,
ich kenn' deine Wunden, sie heilen bestimmt,
wenn endlich der Wind wieder dreht.

1. Noch bläst der Wind so kalt und hart,
noch friert die Knospe unterm Eis,
doch spürst du Gottes Gegenwart: Leben, Leben!

2. Noch leiden Tier und Pflanze Not,
noch fliehen Menschen, stirbt der Baum,
doch ruft uns Gott aus jedem Tod: Leben, Leben!